中国服装史研究集刊

第一辑：汉代画像石纹样

贾玺增　主编

东华大学出版社

·上海·

图书在版编目（CIP）数据

汉代画像石纹样 . 第一辑 / 贾玺增主编 . -- 上海：
东华大学出版社 , 2024.12
（中国服装史研究集刊）

ISBN 978-7-5669-2243-4

Ⅰ . ①汉… Ⅱ . ①贾… Ⅲ . ①画像石—纹样—中国—
汉代 Ⅳ . ① K879.422

中国国家版本馆 CIP 数据核字 (2023) 第 140485 号

策划编辑：马文娟
责任编辑：高路路
版式设计：上海程远文化传播有限公司

中国服装史研究集刊（第一辑：汉代画像石纹样）
ZHONGGUO FUZHUANGSHI YANJIU JIKAN（DIYIJI:HANDAI HUAXIANGSHI WENYANG）

主编：贾玺增
出版：东华大学出版社（地址：上海市延安西路1882号　邮编：200051）
本社网址：dhupress.dhu.edu.cn
天猫旗舰店：http://dhdx.tmall.com
销售中心：021-62193056　62373056　62379558
印刷：上海盛通时代印刷有限公司
开本：787mm×1092mm　1/16
印张：13
字数：292千字
版次：2024年12月第1版
印次：2024年12月第1次印刷
书号：ISBN978-7-5669-2243-4
定价：98.00元

序　言

在漫漫历史长河中，纹样艺术犹如文化之裳，披覆于历史之肩，展现中华文明的璀璨篇章。当我们将目光聚焦于遥远的汉代，那些深埋于黄土之下、历经千年风霜的画像石纹样，具有那个时代的物质文化和社会风貌，是理解中国古代服饰文化的重要窗口。

汉画像石是指汉代地下墓阙、墓室、庙阙和墓地祠堂等建筑上雕刻图案、画像的建筑构石。大体而言，此类建筑多为丧葬礼制性建筑，其上装饰纹样也必然属于祭祀性丧葬艺术，是反映汉代社会文化、生活的"百科全书"，不仅是汉代以前中国美术艺术发展的巅峰代表，也对汉代以降的各类艺术产生了深远影响。为寻求其中的真知灼见，本书的编写以图像学、考古学和艺术学的视角，探讨汉代画像石纹样的历史源流、形式种类、艺术价值等，深入挖掘汉代社会的精神特质与文化内涵，以期能够为理解中国服装史的研究提供新的视角。

就整体撰写结构而言，《中国服装史研究集刊——第一辑：汉代画像石纹样》是关于汉代画像石纹样研究的学术性论著。书中共收录 12 篇关于汉代画像石纹样的研究论文，主要内容分为 3 个部分：第一部分重点探究车马出行图、乐舞百戏图、启门图、庖厨图的图像艺术，第二部分重点探究双龙穿璧纹、日月纹、树马纹、铺首纹的纹样流变，第三部分重点探究西王母及其配偶神组合的图像、四神图像、神树图像、双头鸟图像的文化意蕴。

本书的撰写和论述，力求做到图文并茂、资料翔实、客观严谨。在编写此书的过程中，深感艺术纹样的载体不同，往往孕育出迥异的艺术风貌。2023 年，有幸遇到良机，出版了拙作《宣物存形：汉代漆器纹样》，汉代漆器纹样的灵动之感与画像石纹样的古拙之风截然不同，有兴趣的读者，敬请参考。因此，本书的编写也是汉代纹样艺术研究过程中的衍生产物，充分展示中国古代物质文明与精神文明的灿烂成就，为中华优秀传统资源的持续性发展发挥积极作用。

最后，希望本书不仅对学术研究者有所裨益，也能够吸引更广泛的读者群体，共同分享汉代艺术的魅力。同时，我们也期待广大读者能够持续关注和支持中国服装史的研究工作，共同推动这一领域的繁荣发展。（本书亦为清华大学本科教材及教学资源建设项目"中外染织纹样史"课程教学资源建设《汉代画像石纹样》项目研究成果，项目编号：ZY01_03。）

写于清华大学美术学院

2025 年 2 月 28 日

目　录

文化意涵探讨

图像艺术探究

汉画像石车马出行图研究

马文远

摘要： 画像石是汉代丧葬装饰艺术中的最具特色的文物类别之一，是装饰艺术与丧葬形式的结合。车马出行图是汉代画像石上一种独具特色的装饰图案形式。在全国范围内出土的汉画像石文物中，车马出行图在考古价值，艺术价值上有重要地位，同时在规模数量上也占有较高比例。本文将以汉画像石中的车马出行图为例，对其历史源流、形式种类、装饰艺术价值等进行分析，并结合汉代丧葬观念探讨车马出行图所展现的汉代生活风貌。

关键词： 汉画像石；车马出行图；丧葬观念；壁画装饰

汉画像石车马出行图是以各种形制的车辆、马匹、人物队伍组成的描绘汉代车马出行的场景图卷，通常作为壁面装饰出现在汉画像石墓中。它是推测墓主人生前官阶地位、研究汉代车辆形制和礼法以及汉代服饰特点的重要图像资料，对研究汉文化具有重要的历史价值。

一、辕辙之始——历史源流

自20世纪80年代，汉画像石大量出土于陕西关中、河南南阳（旧汉都）、山西以及山东、苏北等汉文化较为深厚的地区，有关汉画像石的相关研究也逐渐增多，其中"御礼"作为车马出行画像石最核心的画面内涵，研究最为广泛。华夏人文始祖黄帝尊称为"轩辕"。相传他受蓬草被风吹动便在地上快速滚动的启发，发现了圆形的东西可以滚动，利用圆的滚动发明了车，使运输和旅行的方式、速度有了根本的改变和飞跃。[1] 在中国考古所发现车马痕迹中，可考的最早出现在商代。

考古所发现的商代车马形制已然较为成熟，因此在历史上车的出现应远早于商代。车马出行图提供的最重要的历史信息就是御礼的形制，最早出现"御礼"这一术语的是《周礼·夏官》

1　李贵龙.石头上的历史——陕北汉画像石考察[M].西安：陕西师范大学出版社，2014：86.

中提到的"车仪"，周代乘车有许多礼仪，其中最典型的是"轼"或"式"。《周礼·夏官·道右》云："王式则下，前马。"[1] 即王者乘车行轼礼的时候，道右要下车在马前步行控制马匹。在周代贵族等级制度下，轼礼有许多讲究。[2]《礼记》对此有比较明确的说明，即《礼记·曲礼上》云："国君抚式，大夫下之；大夫抚式，士下之。兵车不式。君子式黄发，下卿位。入里必式。乘君之乘车，不敢旷左，左必式。式视马尾，顾不过毂。国君下宗庙，式齐牛；大夫下公门，式路马。"[3] 由此可知行轼礼是对被行礼者一种极为尊敬的表示。对于车马使用的等级制度记载，早在周代也有明确的记载。据《周礼·考工记·匠人》所记可知，交通道路除了供车徒通行外，是有等级区别的，即"经涂九轨，环涂七轨，野涂五轨。环涂以为诸侯经涂，野涂以为都经涂。"[4] 由此可知王城、诸侯城以及大夫都邑，其城内及城外的道路是要遵守一定等级规定的。

商周时期，车在军队中发挥了重要的作用，不仅作为运输物资的工具，同时也是作战的军事装备。春秋战国时期，军事发展突飞猛进，骑兵的出现逐渐取代了以战车为作战装备的作战形式。到了秦代，车马的使用和形制已经形成非常明确的规范。秦始皇为了改变春秋战国以来的混乱局面，对于车马等使用制定了规范，规定"车同轨、书同文"[5]，加强中央集权，维护秦王朝的专制统治。至画像石大量出土的汉代，车辆除作为辎重物资车用于军事用途外，已基本作为皇室权贵阶级的出行工具。这也是为什么汉代墓中出土的画像石对于车马出行图的运用如此丰富多样，画像石上丰富而庄严的车马仪仗出行图代表了墓主人高贵的身份以及对美好生活的向往。

汉代是一个宗教产生与发展，思潮相互碰撞的重要阶段，车马出行图画像石表达了这一时期汉代人对另一个世界的想象建构，同时也从背后映射出汉代车马礼仪和车马形制的规范。据《后汉书》记载，汉代已经存在一套较为完整的，成体系的车马礼制。御礼作为一种礼仪，主要的作用是区分马车关联者之间的社会等级以及尊卑关系[6]，御礼中对车马的形制和装饰的内容进行了约束和划分，同时马在使用过程中物与人的关系以及车辆，马匹之间的次第顺序也包含在其中，车马使用制度可以说是一个反映汉代礼制的缩影，通过车马出行图能够很好地对汉代车马御礼形制的丰富内容进行深入研究。汉代人将车马出行的仪仗队伍作为墓葬的主流装饰手段，足以说明车马在汉代人生活中的重要地位。通过对车马出行发展的探究，能够为研究车马出行图中的车马形制与汉代丧葬文化提供重要的历史背景依据和理论支撑。

1　[清]阮元，校刻.周礼·夏官[M].北京：中华书局影印本，1980：290.
2　王海娜.《周礼》中所记交通礼仪研究[J].古籍整理研究学刊，2009：22-25.
3　郭齐勇，注.礼记·曲礼上[M].北京：科学出版社，2020：439.
4　[清]孙诒让，校刻.周礼正义·考工记·匠人[M].北京：人民出版社，2020：169.
5　[汉]司马迁.史记·秦始皇本纪（卷6）[M].北京：中华书局，1959：239.
6　练春海.汉代车马形象研究——以御礼为中心[M].桂林：广西师范大学出版社，2012：5.

二、车马盈门——形制构成

车马出行图这种图案形制，常出现在画像石墓墙作为边饰或画像石墓门楣之上，与石墙或门楣上其他的装饰图案共同构成图像叙事场。墓室既是逝者于逝后的生活空间，同时也是逝者由"世俗生命"转化为"超俗生命"即"神仙"的"彼岸世界"[1]。墓室本身是这个转化中的象征体，墓室中依据现实生活而构造的装饰艺术则起到故事的艺术叙述作用。

车马出行图的画面是以动态叙述为主要语言，采用散点透视的平面化图案装饰手法，以横向的构图生动展现一列车马队伍的场景。车马出行图画像石基本遵从由右向左方向性构图的形式，这种构图形式是由左（西）主死、右（东）主生的理念主导。受到日出于东，日落于西的影响，古代人赋予了东西方位不同的含义，认为东方是代表初生的，西方是代表死亡和凋零的。由于按照上北下南的地理位置进行左右分划，按照右向左的方向正好是由东向西行进，故车马出行图以由右向左行进为主流。一幅车马出行图是由多个图像因素构成的，这些相关图像的定性正确与否，对于车马的去向有至关重要的意义。汉人认为灵魂生活的地下世界，是人间世界的翻版，从生向死的转移过程则是一场灵魂的远行[2]。

汉代丧葬文化中最大的特点是"事死如事生"，人们尽力复刻现实世界，甚至更加理想化，营造出同现实世界一样丰富的墓葬世界。车马的作用虽然具备多种可能，但是重要的作用在于带领墓主人的灵魂去到死后的"理想世界"。车马出行图中的车马是为墓主人的地下生活服务的，这显示出汉代充满人本主义的生死观。汉人通过高度复制现实生活的墓室，以及模仿现实生活各个方面的画像石等营造了一个应有尽有，在神仙祥瑞保佑下的墓葬世界，使得人间社会富足的生活可以在地下世界永远延续下去。这样大大消除了汉代时期人们对于死亡未知的恐惧。

汉画像石（砖）墓门楣画像中以"出行"为内容的画面，在构图上主要呈现出三种形式：其一是单纯的车马出行（图1）；其二是在画面的两端即画面车马队伍的"前""后"刻绘"迎宾"和"送行"的形象（图2）；其三是画面中间刻绘"房屋"或"楼阁"而左右"车马"向着中间的"房屋"或"楼阁"行进（图3）[3]。在门楣画像装饰中，车马出行图的出现增强了叙述主题的故事性。

在车马出行图中，有许多对车马的命名，如大王车、主簿车、道使车、行亭车等。这些篆刻或模印的车名很少在汉代传世文献中看到[4]，更多则是为了图像所叙述故事的主题而拟定的车名。孙机曾在《汉代物质文化资料图说》中以车辆的大小、马匹的多少、车辆的结构等

1　李立.汉画像的叙述——汉画像的图像叙事学研究[M].北京：中国社会科学出版社，2016：191.
2　樊凡.苏北地区汉画像石墓车马出行图装饰意义及相关问题研究[D].西安：西北大学，2012：70.
3　李立.汉画像的叙述——汉画像的图像叙事学研究[M].北京：中国社会科学出版社，2016：189.
4　练春海.汉代车马形象研究——以御礼为中心[M].桂林：广西师范大学出版社，2012：70.

图 1 大保当墓门石（陕西省神木市出土）

图 2 官庄墓门 M3 横额石（陕西省米脂县出土）

图 3 官庄墓门 M6 横额石（陕西省米脂县出土）

不同参数对汉代车名进行了较为科学系统的列举分类，分别以"大车—小车、安车—立车、
辎车—衣车"等进行种类划分。[1] 其中大小车的区分是以车辆的体积进行划分的；安车与立车
是依据乘坐的方式进行命名；辎车衣车是以车身外壳的包裹程度作为划分依据。汉代车马出
行图中的车马大致可分为斧车、轻车、辎车、轩车、骈车、骖车、驷车等几类：

斧车：车辆的命名或多或少都反映了所指称的马车最显著的特征。"斧车"这个名字不
但反映了车种的功能，甚至它在仪仗队中的作用和地位都得到了某种程度的反映。[2] 斧车区别
于其他车类的最显著的特征是车上竖立一把钺斧，故该车被命名为斧车，是皇帝的重要使者
出行时用作导引的仪仗车辆。

---

1   孙机 . 汉代物质文化资料图说 [M]. 上海：上海古籍出版社，2008：111–122.
2   练春海 . 汉代车马形象研究——以御礼为中心 [M]. 桂林：广西师范大学出版社，2012：71.

图 4　汉画像石——斧车（四川省彭州市太平场出土）

轻车：一种古代的战车。其为兵车中最为轻便者，轻快的车子。士兵均驾车作战。轻车是结构最为简单的车辆之一，也是最早出现的战车。《左传·哀公二十七年》载："将为轻车千乘，以厌齐师之门。"

辎车：辎车由车轮、车轴、车舆和伞盖等主要结构组成，车在组装完成后用大漆进行装饰。辎车一般是以一匹马作为动力的轻便车，通常仅搭载一人，作为奉朝廷急命的宣召者所乘坐的车使用，轻便快速是它的特点。其最早出现在《史记》中，即"朱家乃乘辎车之洛阳，见汝阴侯滕公。[1]"

轩车：轩车一般是指伞盖之下有屏障的，有帷幕的马车。其是大夫阶层以上才能够乘坐的车型。轩车通常由 1 ~ 2 匹马作为动力，通常搭载两人，其中一人为马车夫，是士大夫阶层轻便的出行工具。

骈车、骖车、驷车：这三种车型是以驱动车辆的马匹数量作为分类依据，由车轮、车轴、车舆和车盖等主要结构组成，通常非伞盖型车。其字面意义中，骈车的"骈"字即为两马并行的意思，指以两匹马为动力的车。同理，骖车、驷车分别指由三匹马和四匹马所牵引的车辆。且马匹的数量越多，车辆乘坐者的地位则越高。例如秦始皇所乘坐的王车，就是由四匹马所牵引的驷车。

车辚辚马萧萧的车马出行图，为我们展开了一幅极具生活气息的车马仪仗画卷。上文从车马出行图的构图类型和马车的车型两方面建构了汉代的车容体系，同时也针对一些与汉代车容相关的图像及出土实物背后的故事进行了探究。综上所述，车马形象研究在御礼研究中具有重要的价值，汉代画像石中的车马主要是为了彰显车主的社会地位，与文献描述不同，

1　[汉]司马迁.史记·季布传·卷一[M].北京：中华书局，1959：68.

图 5　汉画像石——轻车（河南省许昌市出土）

图 6　汉画像石——轺车（山东省嘉祥县出土）

图 7　汉画像石——轩车（江苏省睢宁县出土）

图 8　汉画像石——骈车（安徽省宿州市出土）

图9 汉画像石——骖车（江苏省徐州市出土）

图10 汉画像石——驷车（安徽省宿州市出土）

车马出行画像石以图像的方式，在弥补文献描述不足的基础上，使我们能够更加直观地观察汉代御礼系统的体系制度。已出土的文物也表明，尽管汉代已经建立了系统的御礼规范，但民间对于这些规范并不是完全严格地遵守，这也是郡国地方上对于等级制度"宽松"执行的真实面貌。对于车马形象背后所包含历史信息的整理还有很大的研究空间，只有不断剖析车马出行图的图像的"符号学"信息，才能更好地将汉代真实的生活风貌展现在观者眼前。

三、光车骏马——艺术风格

车马出行汉画像石带给艺术家的创作灵感非常多样，因其独具特色的艺术价值，与艺术创作结合方向非常广泛。以车马出行图为例，可以探讨图像元素借由车马出行图这类成熟的程式化元素表现方式转译现实生活场景和文化理念的可行性，即以图像学的研究模式将车马出行图的艺术风格和创作实践进行结合[1]。车马出行图的存在，不仅是当时社会生活、经济状况、意识形态的缩影，在艺术手法和构图表现等方面都具有极强的时代特色和艺术价值。可以说车马出行图的构成审美，是在画像石图案中独具特色的。其中最值得讨论的，就是车马出行图案中"动静结合"的美感。

灵动之美是中国艺术境界中最高的审美，在图案设计中，通常会追求一种空灵而具有动态的图案美感。在敦煌壁画中，常能看到以飞天为形象的图案作品，飞天形象之所以广为人知，就是因为它能将墙壁上的颜料转化为人眼中一个飞舞灵动的神仙。这种美感主要来源于图案本身的气韵。气韵本身是一种看不见摸不到的感受，结合车马出行图像本身不难发现，古人运用自己的艺术造诣和归纳能力，极具智慧地将原本处于动态中的车马出行队伍整合成一个静态的图像，但其静态图像却具有静中有动的动态美感，仿佛车马在画卷中奔跑走动。

根据出土的车马出行图实物，可大致按照写实的程度将其艺术风格分为三种类型：生动写实、归纳图案、变形抽象。其中写实风格最为常见，个中精品也极具艺术价值。以安徽萧县出土的轻车汉画像石（图11）、江苏徐州出土的轩车汉画像石（图12）为例，其细致地对车、马、人物以及飞禽等动物进行了写实刻画，马的肢体结构比例与真实的马基本相符。这两幅画像石甚至精细刻画了马身上的毛发细节，一根根独立的毛发彰显墓主人身份显赫的同时，也反映出汉代石刻工艺的先进。动作方面，无论是人还是动物都非常真实生动，仿佛车马出行的事件就发生在观者面前。写实风格的画像石作品无疑是对出行阵容最真实的记录，所表现出的马匹装具、车体结构、服饰图案等都是对汉代考古研究而言非常重要的图像资料（图13）。

早在半坡文化、仰韶文化的时代，中原大地上就诞生出了美轮美奂的彩陶纹样，古老时代人们对鱼虾、鸟兽、花木的图案化概括直到今天仍然对图案设计有着重要的参考价值。以山东临沂白庄出土的轩车汉画像石为例（图14、图15），对车、马和人物的形象进行了图案化的归纳，同时根据其特有的形象特点做了一定程度的夸张。这件画像石是典型的齐鲁地区艺术风格的作品，以偏向平面化的块状图形对马的形象进行了简化概括。同时为了表现马匹健壮的特点，夸张化地扩大了马的口眼鼻等部位，使图像中的马活灵活现起来，仿佛能听到舟车劳顿后马匹嘶嘶啾啾的气息。图案装饰形式一般具有重复排列的特点，整体来看，这件车马出行画像石，每组车马都有着高度归纳的图案形态，排列上具有一致性，但细看每组车马都有细节上的差异，十分耐人寻味。经过归纳的图案化风格车马出行图，可以作为墓室墙壁或门楣边饰，在记录车马仪仗形制的同时也不会因为过于精细而抢去主图案视觉中心的位置，具有较高的图案装饰价值。

1　岳凡力. 汉画图像学研究对油画创作的意义 [D]. 厦门：厦门大学，2018：34-39.

图 11　轻车汉画像石（安徽省萧县出土）

图 12　轩车汉画像石（江苏省徐州市出土）

图 13　轩车汉画像石（江苏省徐州市出土）

图 14 轩车汉画像石局部（山东省临沂市白庄出土）

图 15 轩车汉画像石整体（山东省临沂市白庄出土）

　　在基本的写实艺术技法中，常用虚实来表现空间。明暗、大小、纯灰等都是虚实对比的重要变量，都为塑造虚实空间服务。以抽象艺术为例，我们在用感官感受一幅抽象作品的过程中，内心产生一种奇特的感受，这种感觉是一种创新的未知感。变形抽象风格的车马出行图是最具独特艺术价值的图形艺术，例如安徽灵璧县出土的轩车汉画像石（图 16）。这件轩车汉画像石很好地把握了虚实对比关系，对原有的轩车和马匹形象进行形变，转化为抽象的装饰语言。经过形变的马匹比马车要大出许多，短小的四肢支撑着硕大的身躯，颇有幽默调侃的意味。夸张的处理使得马匹具有低矮壮硕，四平八稳的视觉效果。背景装饰方面也使用一些曲线线条进行概括，整个画面诙谐有趣，风格统一。抽象风格是最有生命力的艺术风格，能够允许观者以自己的认知去感受作品，这一点上可以和写实风格的作品形成强烈的对比。安徽淮北出土的一件轻车汉画像石将抽象形变手法发挥到极致（图 17），整件作品以极简线条概括了车马形象，仅仅用数个几何图形和线条就将一辆轻车和骏马的形象刻画得灵动有趣。当观者用抽象概括思维去看待车马出行图艺术风格时，能够发现画面中的一动一静，亦虚亦实，这其实包含着汉代工匠们对万物造化的理解。

图16 轩车汉画像石（安徽省灵璧县出土）   图17 轻车汉画像石（安徽省淮北市出土）

图18 骖车汉画像石（河南省南阳市王庄出土）

　　车马出行图的审美受到道家思想很大的影响。汉代是道教发展的主要朝代，也是道家思想在民间较有影响力的一个重要时期。老子在道德经中对动静虚实的境界作出了解释："致虚极，守静笃。万物并作，吾以观其复。"道家思想认为"动静虚实"是世间万物的本质，所有事物都难以脱离虚实动静这些变化。车马出行图案审美中的气韵就是由车马虚实动静结合的节奏感形成的。图案设计讲究收放自如，在设计的过程中，通过改变图案构成之间的节奏感，使图案达到一个和谐的效果。车马出行图的气韵形成过程就是如此，由于距离能够改变节奏关系，在车马出行图中，通过对车马距离的调整就可以起到调整大关系的效果。排布较紧凑的车马图案具有紧张严肃的氛围感，以河南南阳王庄出土的骖车汉画像石为例（图18），是由于图案设计时有意地增强它的闭合，减少了空间交融，使其气韵汇聚。排布松散的车马图案氛围则轻松灵动，其原因是图案设计时的开放思维，例如陕西神木出土的大保当M5墓门石（图19），将空间融合进画面，就能够有效增强图案流动性。车马出行图的图案美就像围棋，落子之间是气与气的关系，通过对这些关系的把握，就可以让元素简单的车马出行图营造出截然不同的美感。

图 19　大保当 M5 墓门石（陕西省神木市出土）

四、充栋盈车——结论

　　综上所述，将车马出行图画像石众多鲜明特点集合，从而归纳出它最重要的艺术特性，其一就是它的民间性。东西两汉，民间思想相对前朝来说较为活跃，文化氛围也相对宽松，但无论是贵族还是平民百姓，在趋利避害、趋吉避凶的观念上没有太大的区别，体现在画像石上，是做工的精良或粗糙，是图案的繁缛或简陋，但无一例外都是当时民间思想智慧的结晶。在画像石墓的墓主人中，绝大多数都是民间中产阶级的官员和劳动者，且画像石从设计到制造都是在民间完成的。画像石的艺术风格和叙述方式包含了民间思想的"生活化"特征，更是"事死如事生"丧葬观念的重要体现。其二就是画像石的通俗性，这一特性主要体现在画像石的题材选择上。画面中的车马出行图实际上就是从当时人们的日常生活中抽离加工而来，图案背后所反映的其实就是生活中所发生的真实场景。早在远古时代，图像就已经开始作为装饰艺术装点人们的日常生活。图像装饰艺术结合了道家的辩证思想，图案艺术风格与民间思维以及潮流发展也紧密联系。趋吉避凶、求富趋利，是民间思潮的主流。汉画像石中对于庖厨宴饮、乐舞百戏、车马出行的刻画，以及对神仙世界的西王母东王公、仙人玉女、灵芝仙丹等的描绘[1]，都是对民间思潮和现象的抽离与再现，它反映了黎民百姓在生活中所产生的真实心理活动。

1　黄宛峰 . 汉画像石与汉代民间丧葬观念 [M]. 北京：中国社会科学出版社，2015：8.

汉画像石乐舞百戏图研究

马梦雨

摘要：乐舞百戏图是汉画像石图像中重要的一部分，它的产生依托于乐舞百戏在汉代的盛行，并且能够体现出汉代世俗文化的各个方面。汉画像石乐舞百戏图的表现形式多种多样，本文对其历史源流、构成元素、构图形式等进行分析，探究其图像蕴含的文化功能，分析研究乐舞百戏图的艺术特征，为现代纹样设计提供一定的参照。

关键词：乐舞百戏；长袖舞；建鼓舞；汉代民俗

乐舞百戏是汉代一种综合性的艺术表现形式，其形式包含歌唱、演奏、乐舞、百戏等，用于祭祀，以乐舞祈求神灵保佑，亦在宴饮娱乐中助兴，用以取悦宾客。乐舞百戏艺术的繁荣发展，是乐舞百戏图在汉画像石中兴盛的大前提，汉代乐舞百戏艺术兼容并包造就了乐舞百戏图元素以及构图形式之丰富多彩。乐舞百戏图在汉画像石中的普遍出现，既体现了乐舞百戏艺术在汉代之流行，也展现出乐舞百戏艺术的丰富内涵。

一、乐舞百戏图

乐舞百戏图像涵盖乐器、演奏、演唱、舞蹈和杂技等多种内容。案《周礼·春官·下大司乐》："以乐舞教国子：舞云门，大卷，大咸，大磬，大夏，大濩，大武。"[1] 可知，西周便设大司乐一职，以教授国子各种乐舞。其中《云门》相传为黄帝时代乐舞，《大咸》为尧帝时代，《大武》则是周初的乐舞，在周代用于祭祀，[2] 乐舞自周以前便已经存在。百戏是古代兼有音乐歌舞成分的杂技表演之总称，实际上包括杂技、武术、幻术、民间杂乐、杂戏等艺术表演形式，

---

1 [西周] 周公旦 . 周礼 [M]. 长沙：岳麓书社，1989：61.
2 王洪震 . 汉代往事——汉画像石上的史诗 [M]. 天津：百花文艺出版社，2012：31.

在表演中多伴有音乐的唱、奏。[1]《东观汉记·匈奴南单于》云："帝遣单于，飨赐作乐百戏，上幸离宫临观。"[2]

乐舞百戏图的产生与当时的社会各方面因素密切相关。西汉早期推崇无为而治，休养生息、轻徭薄赋等一系列政策使社会经济生产得到了恢复和发展，人们的娱乐生活也逐渐充实起来，证以西汉桓宽《盐铁论·散不足》："今富者仲鼓五乐，歌儿数曹。中者鸣竽调瑟，郑舞赵讴。"又有"今俗因人之丧以求酒肉，幸与小坐而责辨，歌舞俳优，连笑伎戏。"[3]西汉末年到东汉时期，统治腐朽、社会动荡不安，人们开始沉迷宗教，使得厚葬之风愈演愈烈；而"天人合一"的文化观念、"举孝廉"的制度以及巫术在民间的盛行等社会现象，催生出"以厚葬为德，以薄葬为鄙"[4]的习俗和风气。在种种因素的影响下，有着享乐、升仙等寓意的乐舞百戏图广泛出现在汉代墓葬中。

二、构成元素

在汉代画像石乐舞百戏图是综合性的艺术，其元素组成可分为音乐、舞蹈、百戏三大类：

（一）音乐

汉代音乐主要有歌唱和演奏两种形式。其中，歌唱艺术以相和歌为主，即一种以汉代民间歌曲为基础，继承了先秦秦声、赵声、齐声、郑声、楚声等传统声调[5]，早期是清唱形式的"徒歌"，后发展成歌声与各种乐器相辅相成的相和歌。《晋书·乐志》云："相和，汉旧歌也。丝竹更相和，执节者歌。"[6]其最突出的特点是歌唱与伴奏乐器之间的相互应和，也由此得名相和歌。

纯乐器的演奏是汉代一种重要的演出形式。乐器以旋律性强的丝竹类乐器为主体，打击乐器、吹管乐器与其相互配合，这种和乐的形式使汉代乐队的构成灵活多变，奠定了中国民族音乐独特的旋律和音色。

在汉画像石乐舞百戏图中，歌唱与演奏通常与其他舞蹈和杂技图像同时出现，一般为演奏者和几名歌者分坐于舞者一侧，表现歌舞相合的场景。这种形式在山东、苏北地区多有发现，如山东嘉祥县西十里铺出土乐舞、建鼓、庖厨画像（图1），最上方一层刻有多名奏乐者，自左至右分别为一人抚琴，一人击节，三人摇鼓、吹排箫，中间一层刻有建鼓；又如徐州市洪楼出土拜会、乐舞百戏、纺织画像局部（图2），画面中间刻有建鼓，鼓旁有两人击鼓，另乐人吹排箫伴奏。

---

1 刘再生.中国古代音乐史简述[M].北京：人民音乐出版社，2006：250.
2 [东汉]佚名.二十五别史·东观汉记[M].济南：齐鲁书社，2000：218.
3 [汉]桓宽，王利器.盐铁论校注[M].天津：天津古籍出版社，1983：350-405.
4 陈华文.丧葬史[M].上海：上海文艺出版社，2007：22-27.
5 [汉]班固.汉书·卷二十二[M].北京：中华书局，1962：1045.
6 [唐]房玄龄.晋书·卷二十三[M].北京：中华书局，1974：716.

图 1　乐舞、建鼓、庖厨画像
（山东嘉祥县出土，嘉祥县武
氏祠文物保管所藏）

图 2　拜会、乐舞百戏、纺织画像
（江苏徐州出土，中国历史博物馆藏）

（二）舞蹈

汉画像石乐舞百戏图所体现的舞蹈内容主要有长袖舞、建鼓舞、盘鼓舞、巾舞、武舞等，既有将歌舞杂技融合的宏大演出场面，也有单独表现某一种舞蹈形式的画面。除以上几种外，汉代舞蹈中还有持兵器作舞的武舞，其中最具代表性的即剑舞；还有来源自西南巴蜀的巴渝舞；另外也有戴面具的傩舞等诸多舞蹈种类。

1. 长袖舞

汉承秦制，但在文化层面，尤其是歌舞音乐方面，则深受楚风影响。《楚辞章句·九歌序》云：“昔楚南郢之邑，沅湘之间，其俗信鬼而好祀，其祠必作乐鼓舞以乐诸神。”[1] 楚国的宗教氛围浓厚，“是古代之巫，实以歌舞为职”[2]，诗歌、音乐、舞蹈是原始宗教活动的主要表现形式。楚地重巫祀，每祀必以歌舞为之，因此也是歌舞之乡，这种娱神的艺术在发展中逐步脱离宗教意义走向娱人，开始追求装饰的精美、场面的华美和形象的动人。[3] 楚地的歌舞在汉代宫廷中得以延续，《汉书·礼乐志·郊祀歌》云：“千童罗舞成八溢，合好效欢虞泰一。九歌毕奏斐然殊，鸣琴竽瑟会轩朱。”[4] 其中“九歌”即是楚辞之一。汉高祖刘邦老家即沛县，公元前 284 年，楚国占领淮北一带，沛县改属楚国。可见刘邦本人就成长在楚文化氛围中，刘邦所作《大风歌》便是楚辞，其妃子戚夫人也以擅长楚舞闻名。大体而言，汉代乐舞百戏

1　[东汉]王逸.楚辞章句[M].上海：上海古籍出版社，2017：42.
2　王国维.宋元戏曲史[M].上海：上海人民出版社，2014：1.
3　李宏.永恒的生命力量——汉代画像石刻艺术研究[M].台北：历史博物馆，2007：157.
4　[汉]班固.汉书·卷二十二[M].北京：中华书局，1962：1058.

画像石出土数量大、时间跨度较长的两大区域分别是苏鲁豫皖交界一带以及南阳一带，这两大区域都是当时的南北交通要道，且都曾归属于楚国，与楚文化都有着密不可分的关系。

楚地歌舞在汉代之流行，在乐舞百戏汉画像石上多有体现。在乐舞百戏图中"长袖细腰"的舞女形象十分常见，《楚辞》中用"小腰秀颈、长袂拂面"[1]来形容舞女的姿态，可见"长袖细腰"正是楚舞的显著特征。河南南阳的唐河冯君孺人墓出土的乐舞百戏画像中（图5），画面右侧清晰可见有二舞者作"翘袖折腰"的长袖舞，人物形态夸张，腰部弯折接近90度。

图3　六博、车骑、乐舞画像（江苏徐州沛县出土，徐州汉画像石艺术馆藏）

图4　乐舞、六博画像（河南唐河针织厂汉墓出土，南阳汉画馆藏）

图5　唐河冯君孺人墓乐舞百戏画像（河南南阳唐河出土，南阳汉画馆藏）

1　[汉]刘向，王逸.楚辞[M].上海：上海古籍出版社，2015：284.

2. 建鼓舞

建鼓舞广泛出现在汉代宫廷礼仪、祭祀仪式、宴饮娱乐等场合中,其图像特点为鼓形大,以植木而立,鼓杆立于一兽形底座上,建鼓立柱上部有羽葆、流苏或幢。建鼓舞图像在山东、苏北以及南阳地区的乐舞百戏图中出现频率较高,且常常刻于画面中心位置,周围刻舞者、伴奏者等人物。如山东微山县出土的建鼓、乐舞、杂技画像(图6),画面中央刻有建鼓,其上有羽葆飘扬,两人双手执枹击鼓。

建鼓舞是乐舞百戏图出现频率最高的元素之一,前文中提到建鼓以一根树干贯穿鼓的腰部从而使其竖立,竖在中间的树干位于天地之间,是沟通天地、接引天神的圣木[1]。汉代建鼓多装饰流苏羽葆,随风飘扬,羽葆上方大多刻有凤鸟形象,汉代人常以鸟作为灵魂飞升的象征,在建鼓上刻画凤鸟形象以祈求人死后可以飞升仙界。建鼓的底座也有其特殊的象征意义,常见的底座形象是虎,《风俗通义》云:"虎者,阳物,百兽之长也,能执搏挫锐,噬食鬼魅。"[2],人们相信虎可以驱邪,便将其化作建鼓底座,以帮助人们更好地实现升仙的理想。如山东邹城出土的建鼓、乐舞画像(图7),画面正中刻有建鼓,鼓座为双虎形象,建鼓上方刻有两只鸟。建鼓的整体形制就象征着人们对仙界的向往以及与上天沟通的愿望。

图 6   建鼓、乐舞、杂技画像(山东微山县两城镇出土,曲阜孔庙藏)

图 7   建鼓、乐舞画像(山东邹城出土,邹城孔庙藏)

---

1   卜键. 建木与建鼓——对先秦典籍中一个人类文化学命题的考索 [J]. 文献, 2000: 273-280.
2   [汉] 应劭, 王利器, 校注. 风俗通义校注 [M]. 北京: 中华书局, 1981: 368.

3. 盘鼓舞

盘鼓舞是汉代宴饮娱乐时广泛表演的助兴乐舞，以盘、鼓为舞具，舞者脚踏盘或鼓进行舞蹈。出土于陕西的米脂官庄墓室西壁组合画像（图8），画面上下共分为七层，第五层左侧刻画了盘鼓舞的形象，从左至右第二位舞者一脚踏盘、一脚悬空，第三位舞者则双脚踏盘、挥长袖而舞，尽显轻盈舞态；安徽定远县出土的乐舞百戏画像（图9）中也有盘鼓舞的身影。

4. 巾舞

巾舞最突出的特征即以巾作舞。舞巾有长短两种，长的约有两丈，短的仅两三尺左右[1]。如安徽定远出土的乐舞百戏画像，中间刻有两位舞者手持长巾，相对起舞，姿态飘逸；山东出土的济宁师专十号石棺墓东壁画像（图10）中，左侧一格刻二人挥动长巾翩翩起舞；山东滕州龙阳店出土的建鼓、百戏画像（图11）中，上层中央竖一建鼓，建鼓上有四名双手持短巾的舞伎，错落有致地挥巾跳跃。

图8　米脂官庄墓室西壁组合画像（陕西米脂县出土，米脂县博物馆藏）

图9　乐舞百戏画像（安徽定远县出土，定远县文物管理所藏）

图10　济宁师专十号石棺墓东壁画像（山东济宁出土，济宁市博物馆藏）

1　王洪震. 汉代往事——汉画像石上的史诗 [M]. 天津：百花文艺出版社，2012：33.

图11　建鼓、百戏画像（山东滕州龙阳店出土，山东省博物馆藏）

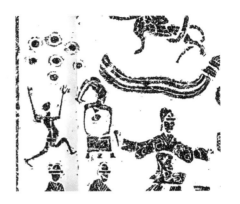

图12　建鼓、乐舞、杂技画像（山东滕州岗头镇西古村出土，滕州市博物馆藏）

（三）百戏

汉代百戏艺术流行于宫廷与达官贵族的生活中，是汇集杂技、幻术、角抵、驯兽等同时表演的综合性艺术形式。汉画像石上关于百戏杂技的表现形式繁多，主要有倒立、弄丸、蹴鞠、走索、车技、马技等，其表演形式灵活多样，且广泛流行于汉代民间，形成了精妙绝伦的技艺。汉画像中表现百戏的形象颇多，且画面多为宏大的演出场景，并与乐舞图像组合出现。如山东滕州出土的建鼓、乐舞、杂技画像（图12），画面正中刻有建鼓，鼓左侧刻有倒立、弄丸的表演者，造型生动形象、趣味十足。

西汉初年，西域乐舞已传入中原。《西京杂记》载有"至七月七日临百子池作《于阗乐》"[1]。于阗是汉代时期的西域古国，于阗乐乃西域乐舞，可见西汉初年西域乐舞已经传入宫廷并在宫廷内表演。东汉时期乐舞的中外交流更为频繁，汉安帝时期，掸国（今缅甸北部）派遣使者向汉安帝"献乐及幻人，能变化吐火，自支解，易牛马头，又善跳丸，数乃至千。"

1　［晋］葛洪.西京杂记·卷第三·戚夫人侍儿言宫中事［M］.西安：三秦出版社，2006：146.

图 13 南阳王寨乐舞百戏画像（河南南阳出土，南阳汉画馆藏）

图 14 唐河电厂墓百戏画像（河南唐河电厂墓出土，河南省南阳汉画馆藏）

安帝和群臣观赏其技艺高超的表演，连声赞叹[1]。吐火、跳丸等幻术杂技在宫廷和民间流行开来，在乐舞百戏图中也颇为常见，如南阳王寨墓乐舞百戏图（图 13），画面从左至右第二人一手摇鼗鼓、一手跳十二丸，第三人正在表演口吐火焰的杂技。河南唐河出土的百戏画像（图 14），画面中最右侧一人单臂倒立在酒樽上，依次向左一人作巾舞、一人弄丸，生动形象地呈现出汉代乐舞百戏表演的热闹场面。

汉代中原与西域联系颇为频繁，"丝绸之路"日渐繁荣，加强了中外的物质文化交流，中外乐舞文化相互渗透，外来的乐舞、杂技等极大地丰富了汉代乐舞百戏艺术。

从画像中不难看出，乐舞百戏画像石是音乐、舞蹈、百戏等多种艺术形式的组合。这种杂糅多种元素的乐舞百戏图像在汉画像石中占据很大比例，也充分体现了汉代乐舞百戏艺术的综合性。

1　王洪震. 汉代往事：汉画像石上的史诗 [M]. 天津：百花文艺出版社，2012：42.

图 15　群兽、狩猎、乐舞画像（山东兖州农机学校出土，兖州博物馆藏）

三、构图形式

汉画像石的构图特征在不同时期有明显区别，其演变过程基本上是从单层到多层、从简单到繁杂、技艺逐渐成熟的过程，乐舞百戏图的构图方式与汉画像石整体构图演变过程基本相同。

（一）单层

西汉时期汉画像石图案多为单层或单层分格排列，这一时期乐舞百戏图基本单独出现，或单独排列，或与其他图像分格排列。如唐河电厂墓百戏画像，为西汉时期（公元前206—公元8年）画像石，其构图方式为单层排列；山东兖州出土的群兽、狩猎、乐舞画像（图15），为西汉元帝至平帝时期（公元前48—公元5年）画像石，画面则分为三格，从左至右依次为群兽、人物狩猎、建鼓乐舞。

图 16　西王母、建鼓乐舞画像（山东滕州市桑村镇出土，滕州市博物馆藏）

（二）多层

到东汉初期，随着墓室面积扩大和多室墓葬普遍应用，汉画像石的构图逐渐从单层分格排列变成分层分栏的排列方式。乐舞百戏图在这一时期常作为分层分栏构图中其中一栏，与庖厨、出行、拜谒、西王母等多种图像共同出现。如山东滕州出土的西王母、建鼓乐舞画像（图16），其画面共分八层，一层为西王母及仙人、玉兔等，二层为仙狐异兽，三层则是讲经人物，四、五、六层中间刻建鼓，两人边击鼓边起舞，另有一人倒立，两侧是人物拜谒，七层和八层为出行图像，画面极尽丰富热闹。

（三）独立

东汉画像石乐舞百戏图也会作为单独的画面独立出现，但这种独立画面较西汉时期有明显不同：其画像石规格更大，在画面内容上则描绘更为宏大的场景，且画面常出现凤鸟、人面兽等带有神话色彩的奇珍异兽。山东滕州出土的建鼓、乐舞、杂技画像（图17）和山东微山出土的建鼓、乐舞、杂技画像（图18），二者都是东汉中、晚期（89—189年）画像石，二者画面中间都为建鼓、乐舞百戏图像，整体画面场景宏大，表现热闹纷繁的乐舞场景。

四、文化功能

乐舞百戏图像主题分为宴饮娱乐、祭祀礼仪和仙界向往三部分，体现了汉代社会的娱乐活动、丧葬文化和生死观念。

汉代乐舞百戏有两大文化功能：一是用于祭祀，以乐舞祈求神灵保佑，为娱神功能；二是在宴饮娱乐中助兴，以乐舞百戏取悦宾客，即娱人功能。

（一）娱神

汉画像石乐舞百戏图常与祭祀画像组合出现。汉代国家举行的郊庙祭祀、祭祖等大型祭祀活动中都有乐舞的身影，《后汉书·祭祀中》云："祭青帝句芒。车旗服饰皆青。歌《青阳》，八佾舞《云翘》之舞。""祭黄帝后土。车旗服饰皆黄。歌《朱明》，八佾舞《云翘》《育命》之舞。"[1]

国家祭祀以乐舞祈福，民间祭祀也多以乐舞祈求神灵庇护，《汉书·五行志》记载："其夏，京师郡国民聚会里巷仟佰，设祭张博具，歌舞祠西王母。"[2] 就是民间以乐舞百戏祈求西王母庇佑。又《史记·孝武本纪》云："于是塞南越，祷祠泰一、后土，始用乐舞。"[3] 汉武帝时期，乐舞已经是祭祀活动中不可或缺的一部分。

陕西绥德田鲂墓出土的后室口横额中（图19），图像中间为倒立、抛丸、吹奏、歌舞等人物形象；最左侧图像为西王母，最右侧为东王公，前有两羽人乘鹿引路；左右角刻日月轮，其中分别刻有金乌、玉兔和蟾蜍。可见汉代人们在祭祀活动中也乐舞百戏取悦神仙，以寻求神灵的庇佑。

乐舞百戏图像刻画了汉代丰富的乐舞种类，前文中提到建鼓的整体形制就象征着人们对仙界的向往以及想与上天沟通的愿望，可见建鼓舞是带有着浓厚的祭祀、升仙色彩的乐舞种类。山东济宁出土的人物、乐舞、升鼎画像（图20），画面中层刻有建鼓，羽葆飘扬，上有飞鸟，

1　[南朝宋]范晔.后汉书·志第八[M].北京：中华书局，1965：3182.

2　[汉]班固.汉书·卷二十七下之上[M].北京：中华书局，1962：1476.

3　[汉]司马迁.史记卷二十一·孝武本纪[M].武汉：崇文书局，2010：102.

图17　建鼓、乐舞、杂技画像（山东滕州市岗头镇西古村出土，滕州市博物馆藏）

图18　建鼓、乐舞、杂技画像（山东微山县两城镇出土，曲阜孔庙藏）

图 19　田鲂墓后室口横额（陕西绥德田鲂墓出土，绥德汉画像石馆藏）

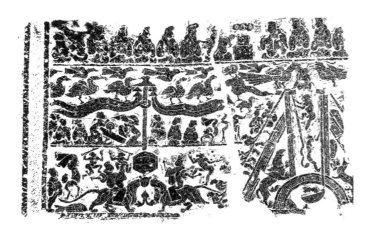

图 20　人物、乐舞、升鼎画像（山东济宁出土，鱼台县文物保管所藏）

图 21　全家福画像（江苏徐州铜山区汉王乡出土，徐州汉画像石馆藏）

建鼓底座为二虎共首；画面中除有丰富的乐舞百戏演出场景外，右侧刻有泗水升鼎，升鼎也被认为是汉代重要的祭祀活动，可见建鼓以及建鼓舞是汉代祭祀活动中重要的娱神乐舞。

汉代人追求长生不死、羽化升仙，人们通过建鼓舞完成与上天的沟通，祈求实现美好愿望。盘鼓舞作为汉代颇为流行的乐舞种类，也与人们对仙界的向往息息相关。盘鼓舞的器具为盘或鼓，这种盘和鼓可能象征着星座，有些盘舞道具中还存在两座鼓，以代表日月，人舞于盘鼓之间，象征着飞升成仙[1]。

（二）娱人

汉代画像石乐舞百戏图在汉代是一种全社会范围的娱乐形式，在宴饮中增添热闹气氛，以愉悦宾客，体现着当时社会追求享乐的文化精神。

乐舞百戏画像石中表现宴饮场景的画像石十分常见。当乐舞百戏图与庖厨图同时出现，或许可以认为这是对汉代宴饮场景的一种体现。江苏徐州铜山区出土的全家福画像（图 21），画面最上层刻两男四女观赏乐舞，另有侍者在一旁扇扇子，中层立以建鼓，两人击鼓、一人倒立、另有演奏乐器者，最下层则刻画厨房的景象，有舂米、剖鱼等。

1　朱存明 . 民俗之雅——汉画像中的民俗研究 [M]. 北京：三联书店，2019：479.

图22 绥德墓门楣画像（陕西绥德出土，绥德县博物馆藏）

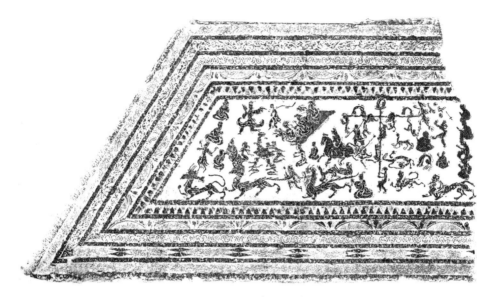

图23 安丘汉墓乐舞百戏画像（山东安丘出土，安丘市博物馆藏）

　　汉代画像石乐舞百戏图也常与楼阁、迎宾、宾客聚会等图像同时出现。陕西出土的绥德墓门楣画像中（图22），刻有迎宾、乐舞图像：中间刻有两层楼阁，楼阁上方有朱雀展翅，楼下两人对坐交谈，楼外两人站立迎宾；楼阁左侧为盛大的迎宾场景，有正在寒暄的人，又有手捧礼物前来的人；楼阁右侧则是盛大的乐舞景象，两舞者身着长裙甩袖起舞，四个伴舞边摇鼗鼓边舞；画面中的人物生动形象，是达官显贵人家宴请宾客的写照，整个场景十分热闹。不管是乐舞百戏与忙碌的庖厨场景相结合，还是与盛大的迎宾、楼阁图相结合，都生动形象地还原出汉代宴饮活动的热闹纷繁，充分体现了汉代乐舞百戏的娱人功能。

　　汉代乐舞百戏艺术具有一定的大众化、全民性的特点，在当时社会中十分流行。从汉画像石乐舞百戏图来看，汉代乐舞百戏的表演场所除常见的殿宇、院落外，也有在广场进行的大型演出活动，而广场正是大众化、全民性的象征。山东安丘汉墓出土的乐舞百戏画像（图23）就展现了在广场上的表演场景，画面中并没有明显地区分观众和演员，所有的人物都沉浸在乐舞百戏表演之中，可见乐舞百戏艺术这一娱乐形式在汉代就具有全民性、大众化的突出特点，而这一特点亦是乐舞百戏娱人功能的重要体现。

五、结论

　　汉画像石乐舞百戏图构图饱满，人物造型简约又极具张力，生动形象地刻画出舞者形态，又蕴含着丰富的文化内涵。通过对乐舞百戏图构成元素、构图形式及文化功能的研究，可以发现乐舞百戏图十分立体地呈现出了汉代世俗生活之丰富，其图像内容不仅体现了汉代对楚文化审美的继承，也是汉代中原与西域文化交流的见证，更反映出汉代人希望与上天沟通、祈求神灵庇佑及飞升成仙的美好愿望。

　　乐舞百戏图在汉画像石中的大量出现，其根本原因是乐舞百戏艺术在汉代的高度繁荣。追求享乐的汉代人把乐舞百戏艺术变得更加世俗化、大众化，不论是庭院楼阁的宴饮娱乐，还是广场的大型集会，抑或是郊庙祭祀，都有乐舞百戏的身影，这既为我们展现了乐舞百戏艺术重要的文化功能，也是汉代统治者推崇休养生息、无为而治的重要体现。汉画像石乐舞百戏图兼备造型美与意象美，是现代纹样设计创作很好的参考和借鉴。

门扉半启——汉画像石"启门图"研究

徐静怡

摘要：启门图是中国古代墓葬艺术中常见图示，最早可以追溯到汉代，魏晋时期几乎消失，在唐代后期再度出现，直至辽宋金时期再度兴盛并发展到顶峰。本文以"启门图"为研究对象，深入分析图像构成元素、构图形式，探究其图像背后的文化内涵、汉代人人生观与宇宙观及其对后世生死观念的影响。

关键词：汉代画像石；启门图；中国墓葬艺术；墓葬文化；生死观

"启门图"是中国古代墓葬艺术中的常见图式，其基本形式是一扇门一扉闭合一扉半开，一人从中探出半个身子。"启门图"最早可追溯至汉代，是当时流传颇广的画像石主题。魏晋时期，"启门图"几近消失，而于唐代后期再度出现。直到辽宋金时期，"启门图"再次兴盛并发展至顶峰。这一图式因时代、地域、载体的不同而呈现出独特的表现形式和文化内涵。汉代画像石中，"启门图"是一类重要的题材，是汉代人人生观、宇宙观的映射，无论是借"启门图"描绘死后地下世界的家园，或是借"启门图"表现对升仙的浪漫幻想，都反映着汉代人事死如事生的价值取向。

一、"启门图"的命名

新中国成立前，中国营造学社在西南地区考察时发现有启门题材的墓葬[1]。而最早引起学界关注的是 20 世纪白沙宋墓中的启门图像，因启门人是女子，故宿白先生在报告中将此图式命名为"妇女启门"[2]，"启门"的称谓由此而来。目前所见的汉代"启门图"多见于丧葬建筑，例如墓室、石棺、石阙上。由于在不同地域墓葬中及载体上出现时画面构成上有差异，故而影响到研究者对其命名和含义释读，其中也出现较大差别。针对汉代的"启门图"，盛

---

1 莫宗江.宜宾旧州琐白塔宋墓[J].中国营造学社汇刊，1944（1）：105-110.

2 宿白.白沙宋墓[M].北京：文物出版社，2002：54-55.

磊将其命名为"半开门中探出人物"[1]，梁白泉依然称其为"妇人启门"[2]，罗二虎根据内容将此图式命名为"仙人半开门"[3]，郑岩称呼其"半启门"[4]，吴雪杉称为"启门图像"[5]，更多学者将其称为"启门图"[6]。本文亦采用"启门图"的说法。

关于汉代画像石"启门图"的研究是从 20 世纪 80 年代开始的，至今仍是相关领域内的热点话题。汉代"启门图"目前发现约 37 处，主要分布在山东、江苏和川渝地区，且川渝地区的发现最多。目前关于"启门图"的研究主要集中在启门人身份的分析与"启门图"内涵意义的考辨，但研究者们尚未达成普遍共识。有学者认为汉代"启门图"反映的是升仙愿景与升仙程式[7]，有学者认为汉代"启门图"仅是一种构图方式旨在表现建筑空间[8]，还有部分学者从性别角度分析汉代"启门图"，认为其反映着理想的性别秩序[9]。

二、"启门图"构成元素

汉代画像石"启门图"的基本形式是一扇门仅一侧门扉开启，一人从中探出半个身子。目前发现的汉代"启门图"，整幅画面仅表现"启门"这一单一形象的较少，多数"启门图"同其他题材配合，共同组成完整的画面。其画面构成繁简不一，根据"门"周围涉及的元素种类、数量作为区分，汉代"启门图"的构成大致可以分为以下三类。

（一）门与启门人

在"门与启门人"这个分类中，"启门图"画面构成比较单一，仅包含门与启门人两个元素。整幅画面以门为主，门有双扉，一扉紧闭，另一扉半开，启门人身处门中探出半个身子内向外张望，部分身体仍位于门后。现存的此类"启门图"中，山东卧虎山汉墓 M2 南石椁（图1）画像较为特别，画面中有用铺首衔环表示的门扉，一门吏隐于门内，仅下裳衣角和部分所持

1 盛磊.四川"半开门中探身人物"题材初步研究[A].朱青生.中国汉画学会第九届年会论文集·下[C]，北京：中国社会出版社，2004：213-223.
2 梁白泉.墓饰"妇人启门"含义蠡测[J].艺术学界，2011（6）：63-73.
3 罗二虎.东汉墓"仙人半开门"图像解析[J].考古，2014（9）：75-85.
4 郑岩.论"半启门"[J].故宫博物院院刊，2012（3）：16.
5 吴雪杉.汉代启门图像性别含义释读[J].文艺研究，2007（2）：111-119.
6 樊睿.汉代画像石中的启门图图式浅析[J].中原文物，2012（6）：60-65.
7 罗二虎.东汉墓"仙人半开门"图像解析[J].考古，2014（9）：75-85.党丰："启门图"的天上人间[J].南方文物，2020（1）：220-226.罗二虎通过梳理当时发现的 25 处"启门图"资料，分析了东汉中晚期墓葬中出现的"启门图"的图像构成，认为启门人的身份为仙人，"启门"反映着东汉中、晚期出现并流行的一种新的升仙程式。党丰结合社会历史发展的背景，比较两汉和宋辽金时期"启门图"的异同，提出了"启门图"内涵意义从"天上"到"人间"的转变。他也认为汉代的"启门图"主要反映着当时社会对升仙的热烈追求。
8 吴伟."启门"题材汉画像砖石研究[D].江苏：南京大学，2013：55.通过从建筑学的角度研究汉代"启门图"，吴伟提出启门的构图主要在表现一种空间关系，表现门内外不易跨越，除此外并无特殊内涵。
9 吴雪杉.汉代启门图像性别含义释读[J].文艺研究，2007（2）：111.吴雪杉则提出川渝地区"启门图"同西王母信仰密切相关，而苏鲁地区的"启门图"具有世俗色彩，呈现出某种理想的社会性别秩序。

图 1　山东卧虎山汉墓 M2 南石椁

图 2　四川王晖石棺前挡

节杖露在门外。发掘者推测该墓时代在西汉晚期或东汉早期[1]，是现存最早的"启门图"。或因此期的启门图式发展尚未成熟，此图与后期较为典型的启门图式存在一定差异。至东汉晚期，"启门图"趋于成熟，一侧门扉半启，一人探身向外已经成为标准的图式。例如四川王晖石棺前挡的画像（图 2），画面表现一门安设两扉，一扉关闭一扉半启，一女子半露其身而右手扶门扉。此女子发梳高环髻身着燕尾裙，背生羽翼。此外，构成上属于此类的汉代"启门图"还有四川乐山沱沟嘴崖墓画像石、四川乐山柿子湾 52 号崖墓画像石、四川三台郪江松林嘴 1 号崖墓画像石、重庆忠县丁房阙左阙和右阙等。

（二）楼阙、门与启门人

由楼阙、门、启门人三种元素构成的画面较前一种复杂，除了门和启门人之外，还可见到门所依附的建筑物。例如，四川合江五号石棺画像（图 3），画面中的双重楼阁下设一门，一扉关闭一扉开启，一长裙曳地的女子左手手扶门扉从中探出半个身子。属于这类构成方式的还有四川合江六号石棺、四川合江七号石棺、重庆沙坪坝前中大墓 1 号石棺等。此类画面中的门所依附的建筑却不尽相同，合江五、六、七号石棺画像上半启的门属于一高台重檐建筑，建筑中部的双扇门半掩半开。沙坪坝前中大墓 1 号石棺画像（图 4）上的门依附于一座三层楼阁建筑，楼阁两侧双阙耸立，底层半开门中的启门人仅探出头部。

1　邹城市文物管理局.山东邹城市卧虎山汉画像石墓[J].考古，1999（6）：43-51.

图3　四川合江五号石棺

（三）场景、门与启门人

门与启门人周围涉及其他人物、场景元素的画面在构成上最为复杂。但画面中丰富的元素也为释读"启门图"含义提供了重要的判断依据。除门与启门人外，周围的关联元素涉及的题材丰富多样，有骑射、宴饮、百戏、乐舞、拜谒等存在于现实世界的场景，也有羽人、凤鸟、神兽、西王母等关乎仙人世界想象的元素。"启门图"作为一种图式，常与其他汉画像石中常见的题材共同构成画面，进行情景叙事。同叙事的具体内容相关，此类型中的门与启门人周围涉及的其他人物和场景有繁有简。

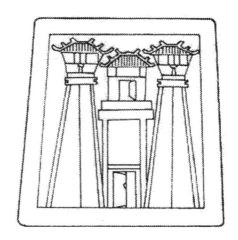

图4　重庆沙坪坝前中大墓1号石棺

较为繁复的画面场景宏大、题材丰富、人物较多。如江苏徐州茅村汉墓第三室画像（图5），整幅画面表现一座双重楼阁内外的情景。启门的情景位于画面右侧，只见楼阁大门半启一人探出身来，大门旁有双阙耸立，右侧阙旁有一人物欲进门中。视线向左移动，可见双重楼阁室内展现了拜谒、宴饮、庖厨等诸多场面。室外屋檐上飞鸟遍布。再例如四川屏山斑竹林M1石棺侧板的画像（图6），画面分作三栏，"启门图"的部分位于右侧分栏中，可见门一扉半开一人从中探身出来。门外二人跪拜，一人手持袋向门的方向跪拜，另一人相反方向跪拜，另有二人在博戏，旁边还刻有一鸟一鱼。画面左侧分为两栏，上方分栏描绘了姿态各异的五位人物，下方分栏中间立有斗拱，斗拱下方仿佛是一凤鸟、左右两侧分别是蟾蜍和飞鸟和山丘。且整幅画面的分栏中都有装饰着起伏的山形纹样。除上述案例外，门与启门人周围涉及

图 5　江苏徐州茅村汉墓第三室画像

图 6　四川屏山斑竹林 M1 石棺

的场景较为宏大的还有：山东历城全福庄画像石、山东曲阜旧县画像石、四川成都曾家包汉墓 M1 东后室画像石、四川雅安高颐阙右阙主阙、四川南溪县长顺坡三号石棺、四川彭县升平乡画像石、江苏沛县古泗水画像石、江苏邳州白山故子 M1 前室、江苏徐州白集祠堂东壁画像石、四川屏山斑竹林 M1 石棺、四川南溪县长顺坡三号石棺、重庆市一中石室墓石棺等。

　　较为简约的画面场景幽微、题材单一、人物较少。例如四川荥经石棺画像（图 7），整幅画面仅四人物、两凤鸟。启门的场景位于画面中心，门与柱子、斗拱等象征建筑的元素相结合，一扉关闭一扉半启，一女子右手扶门扉而半露其身，而门的两旁各伫立着一只凤鸟。除此之外，建筑之内被分隔为两个相对独立的空间，左侧为相拥的一对男女，右侧描绘着正襟危坐的西王母。除上述案例外，门与启门人周围涉及的场景较为简单的还有：山东苍山元嘉元年画像石墓前室、山东沂水后城子画像石、重庆璧山棺山坡 M3 石棺、四川渠县王家坪无名阙左阙主阙、四川渠县赵家村壹无名阙左阙主阙、四川渠县赵家村贰无名阙右阙主阙、四川长宁七个洞 7 号崖墓左侧崖棺、重庆璧山二号石棺等。

图 7　四川荥经石棺

三、"启门图"构图形式

通过上述关于汉代"启门图"构成元素的分析，对其画面的组成内容可以建立起初步的了解。此外，对汉代"启门图"构图形式进行研究分类也必不可少。针对此类图像，从内容和形式两部分进行细致的分类是将"启门图"还原到完整的画面语境中。元素有其象征意义，而构图形式是汉代人时空观、宇宙观的体现，结合二者进行分析才能对"启门图"的文化内涵作出合理的解读。

（一）独立构图

独立构图的"启门图"整幅画面仅表现门与启门人，门占据着全部画面，其不依附在相关的建筑上，周围也不涉及其余元素和场景表现，且皆以平视的正面视角表现门及启门人。此类型"启门图"的构图形式非常简洁。目前所发现的此类型"启门图"，有的装饰在石棺的前挡，例如四川芦山县王晖石棺[1]；有的装饰在墓阙楼部斗拱之间，例如重庆忠县丁房阙左、右阙主阙[2]；还有的作为崖墓中轴线末端的假门，例如四川郫江金钟山Ⅱ区一号崖墓画像石[3]。此外，还采用此类构图形式的有：山东卧虎山汉墓 M2 南石椁、重庆前中大坟丘墓 1 号石棺、四川三台郫江松林嘴 1 号崖墓画像石、四川芦山县王晖石棺、四川乐山沱沟嘴崖墓前堂画像石等。

（二）组合构图

组合构图是指将不同的视觉角度画在同一个画面上，为表现完整的故事内容，画家将不同视点的场景依照自己的意念组合，在现实生活的合理性与艺术表现的目的性之间取得统

1　雅安市文物管理所，四川省文物考古研究院，编 . 雅安汉代石刻精品 [M]. 四川：四川人民出版社，2005：36.

2　徐文彬，谭瑶，龚延万，王新南 . 四川汉代石阙 [M]. 北京：文物出版社，1992：45-46.

3　冯棣，文艺，查红叶 . 掩门人—西南崖造之崖墓图像与原境研究 [J]. 建筑学报，2018（3）：27-28.

一[1]。汉人画像石中的时空关系并非遵循客观现实，为了完整表现故事情节，汉人会采用类似今天"蒙太奇"的表现手法，将不同时间段、不同地点发生的事件绘制在一幅画面中。因此想要解读在此类构图形式中"启门图"的含义，便要明确"启门图"与画面其他部分极紧密的关联性，才能正确分析"启门图"在画面中所处位置、画面主题情节及"启门图"含义，这三者之间的逻辑关系。

组合构图中的"启门图"或位于画面中心位置，是画面构成的核心和故事情景的聚焦点。或位于画面边缘，代表着空间的转换，以辅助叙事、推进情节的发展、丰富画面效果。采用这种构图形式的"启门图"有：山东费县潘家疃汉墓画像石、山东苍山元嘉元年画像石墓前室画像石、山东曲阜旧县画像石、江苏彭城缪宇墓前室画像石、江苏睢宁双沟地区画像石、江苏徐州茅村汉墓第三室画像石、重庆璧山棺山坡 M3 石棺、重庆前中大坟丘墓 1 号石棺、四川荥经石棺、四川乐山柿子湾崖墓 B 区 M1 享堂画像石、四川合江 5 号石棺、四川合江 6 号石棺、四川合江 7 号石棺、四川成都曾家包汉墓 M1 东后室画像石、四川长宁七个洞 7 号崖墓左侧崖棺、四川雅安高颐阙右阙主阙、四川渠县王家坪无名阙左阙主阙、四川渠县赵家村壹无名阙左阙主阙、四川渠县赵家村贰无名阙右阙主阙、四川彭县升平乡画像石等。

（三）分栏构图

分栏构图是指将一个完整画面分作若干层，每层刻画不同的内容，并有栏线或榜题间隔，但是整体看起来浑然一体，仿佛一幅大画。[2]有的画面中，部分元素会突破栏线产生沟通，营造出似隔非隔的状态。画像石构图上的这种分区分层并非随意为之，而是同汉人的宇宙方位观念及尊卑伦理观念关系密切。例如西王母住在靠近天界的昆仑仙境，因此会被安排在上层，人间世界占据中层，地下世界在最下层。因为分栏有规律可依，所以通过对此类构图中"启门图"所处位置的判断，结合分栏内元素的象征意义进行综合推测，十分有助于对"启门图"的含义作出合理推断。

分栏构图中的"启门图"有的处于某一分区的中心位置，串联起左右画面以完善故事情节；有的独自占据某一小块分区，表达的意义难明；还有的作为画面分区中楼宇建筑的组成部分之一。采用这种构图形式的有：山东沂水后城子画像石、山东历城全福庄画像石、江苏沛县古泗水画像石、江苏邳州白山故子 M1 前室画像石、江苏彭城缪宇墓前室画像石、江苏睢宁墓山汉墓 M1 画像石、江苏徐州白集祠堂东壁画像石、重庆市一中石室墓石棺、四川南溪长顺坡 3 号石棺、重庆璧山二号石棺、四川屏山斑竹林 M1 石棺等。

1　张道一. 画像石鉴赏 [M]. 重庆：重庆大学出版社，2009：13.
2　张道一. 画像石鉴赏 [M]. 重庆：重庆大学出版社，2009：14.

四、"启门图"文化内涵

汉画像石是丧葬艺术，"启门图"作为汉画像石的一种题材，其含义与当时关于生死、幽明的观念有着密切的联系。在汉人的宇宙观中，整个宇宙分为四个部分，其由高向低排列，首先是日月运行、太一等诸神存在的可望而不可即的天上世界，其次是以西王母为代表的仙人们所居的仙人世界，再次是现实的人间世界和生者死后所居住的地下世界。[1] 依据这种宇宙观展开的汉画像石中，借鉴现实而描绘的地下世界和凭借浪漫幻想而造就的仙人世界，是极富情趣又极具人性的题材内容。

"启门图"这一题材也是汉代人生死观、宇宙观的一种映射。对其含义进行解读，不仅需要讨论门与启门人，更要对其周围涉及的其他人物与场景进行合理分析，把握形势与内容、局部与整体之间的有机联系。"启门图"在汉画像石中的频繁出现，必然有其象征寓意。通过对每幅画面具体语境的分析与分类，对类似画面的综合比较与梳理，可以对汉代"启门图"的含义作出如下总结：借一扉门的开合，汉代人或是表现对地下家园的周到布置，抑或是表现对仙人世界及升仙过程的绮丽幻想。

（一）对地下家园的描绘

汉人认为死亡是生命现象的最后环节，并没有重生一类的观点。西汉的《史记·太史公自序》中言："死者不可复生，离者不可复反。"[2] 东汉的《太平经》卷九十中云："人死者乃尽灭，尽成灰土，将不复见。"[3] 可见，从西汉的文化精英到东汉的早期道众对死亡的看法都是一致的。生者死后归于地下世界，墓室是其归宿，生前舒适的享受、显赫的排场都能在地下世界延续。因此，汉人事死如事生，正如《荀子·礼论》中云："丧礼者、以生者饰死者也，大象其生以送其死也。"[4] 由此画像石所反映的内容，大部分以具体而写实的手法表现对墓主地下生活的全方位安排，以期墓主在地下世界依然延续其在尘世间的优越生活。"启门图"中体现出这般文化内涵的不在少数，就门周围涉及的人物及场景判断，此类"启门图"是对地下家园的描绘，门所开启的是想象中如生前一般舒适、富饶的地下生活。从谒见宴饮、观赏百戏乐舞的享乐生活，到田间耕种、集市买卖的世俗百态无所不包。门周围的场景对世俗生活的全面展现可见一斑。此处门一扉关闭一扉半开有人从中探出身来的图式，是巧手的匠人借鉴现实生活的场景，将俗世的烟火气刻进地下幽冥世界之中。

1　信立祥.汉代画像石综合研究 [M].北京：文物出版社，2000：41.

2　[汉] 司马迁.史记 [M].武汉：崇文书局，2010：758.

3　于吉.太平经 [M].上海：上海古籍出版社，1991：331.

4　[战国] 荀况.荀子 [M].[唐] 杨倞，注.上海：上海古籍出版社，2014：238.

图 8　江苏徐州白集祠堂东壁的画像　　　　图 9　山东曲阜旧县画像石

1. 谒见宴饮

江苏徐州茅村汉墓第三室画像中"启门图"显然就带有更多的世俗色彩。画面描绘的双重楼阁之中可见拜谒见礼、宴饮交谈等上层人物生活场景，更见仆人庖厨、饲马等极具生活气息的表现。是以见墓主渴望将生前的富裕生活带入地下世界的愿望，以至于关于生活细节的一切不遗余力地展现。"启门图"部分位于画面右下角，门依附在具体的建筑物上，而门前有一人欲进屋中。再如，江苏徐州白集祠堂东壁的画像（图8），"启门图"的部分位于分栏构图中从下往上数的第二层，可以明确在此幅画面中的"启门图"部分同仙人世界无关。依据汉人的宇宙观对这幅画面分析，应当是祠主从地下世界乘车马到祠堂接受子辈谒见，门的半开半合预示着进门的动作。

2. 百戏乐舞

深信死后会去地下世界的汉人，出于对人间欢愉的留恋，将其文娱活动也刻画在画像石上，希望在地下世界依然延续自己的优渥生活。山东曲阜旧县画像石（图9）描绘着一人从半开门中探身，欣赏门外庭院中艺人们表演的百戏。而重庆璧山二号石棺画像（图10），画面右侧的分栏中描绘着一人从半开门中探身欣赏门外一人吹奏、二人起舞的演艺场景。需要强调的是，并非百戏乐舞此类题材代表着世俗生活。其实在汉画像石中将其同升仙思想相联系的画面也比比皆是。例如同样包含"启门图"的四川长宁七个洞7号崖墓左侧崖棺上的画像（图11），画面

图10 重庆璧山二号石棺画像

图11 四川长宁七个洞7号崖墓左侧崖棺上的画像

右侧的百戏就是天门后仙境中的场景。[1] 而曲阜和璧山的画像被归类为是对墓主死后地下家园的描绘，是因为整幅画面的不涉及其他关于仙人世界的元素。同时"启门"在画面中的运用更多在强调"看"这个过程。匠人借助"启门图"图式中探身向外看的进行中动作，确切体现了启门人正在欣赏百戏乐舞。"启门图"在此类的画面中被渲染上世俗的烟火气。

　　3. 田间耕种

　　成都曾家包汉墓M1东后室画像（图12）中，门周围的人物场景主要表现家居与农业生产。"启门图"位于右上角庑殿式双层楼房的下层，女侍者从半开的门中向外望。楼上二人似在交谈。左侧是仓房，一人持物从中走出，仓房边树下坐着一位手持鸠杖的老人。下半部分的画面中描绘着田地与池塘，田地中种着庄稼，池塘中荷花盛开，一小船停在水面上。画面右下角刻画着正在进行中的农事生产，可见一人锄地、一人舂米。画面最上方的羊与禾，有学者认为是吉祥的瑞应。[2] 这幅画像对一个庄园展开了细致的描绘，是墓主对自己生前财富的炫耀，更是在表达墓主希望将私有的土地财产带入地下世界。

1　罗二虎. 东汉墓"仙人半开门"图像解析 [J]. 考古，2014（9）：78.

2　张道一. 画像石鉴赏 [M]. 重庆：重庆大学出版社，2009：131.

图 12　四川成都曾家包汉墓 M1 东后室画像　　　　图 13　四川彭县升平乡画像石

4. 集市买卖

四川彭县升平乡出土画像石（图 13）更是将现实生活的市集买卖场景描绘了出来，并在左上角题刻"市门"二字。从此图可见汉人对地下世界的想象多么细致生动，囊括了现实生活中的方方面面。画面中有若干店铺和摊位，可辨别出酒肆、布店、肉店及牲口交易摊位。"启门图"位于画面左侧和右侧，分别是一男子一女子持物而出，仿佛刚从商店中走出一般。此处的"启门图"或表示的是市集内的店铺，只是店内所售何物未可知。

（二）对天上仙境的设想

出于对死亡的巨大恐惧，汉代人希望可以获得青春永驻、长生不老。但客观现实的苦难无法摆脱，人们只能把对生命和幸福的追求寄托于幻想。汉人的幻想是升仙，但升仙并非指飞升入天上世界。对汉代人来说，天上世界是凶厉而可怕的。西汉时期编辑的诗集《楚辞·招魂》中就有关于天上世界的悚然描述，其曰："魂兮归来！君无上天些。虎豹九关，啄害下人些。一夫九首，拔木九千些。豺狼从目，往来侁侁些。悬人以嬉，投之深渊些。致命于帝，然后得瞑些。归来！往恐危身些。"[1] 出于对升天的恐惧和对长生幸福的渴望，人们幻想出住在高耸入云的仙山上且不老不死的仙人。至战国晚期及秦始皇时代，在方术之士的鼓吹下，传说中生长着不死药的昆仑山和东海的蓬莱、方丈、瀛洲等海岛成为仙人世界的领地。而到了西汉时期，人人希冀去往昆仑山这个幸福仙境。飞升入昆仑、长生不老成了当时人们的一种精神寄托。关于这种思想观念可见证于河南偃师南蔡庄肥致墓中出土的一座东汉建宁二年的石碑碑文，其言："土仙者大伍公，见西王母昆仑之虚，受仙道。大伍公从弟子五人……皆食石脂，仙而去。"[2] 可以明确，出于对死亡的恐惧和对长生不死的追求，汉人相信存在着可以达到的仙境及拥有不死药的西王母。

1　[汉] 刘向，辑. 王逸，注. 楚辞 [M].[宋] 洪兴祖，补注. 上海：上海古籍出版社，2015：254.
2　河南省偃师县文物管理委员会. 偃师县蔡庄乡汉肥致墓发掘简报 [J]. 文物，1992（9）：39.

图 14　四川南溪长顺坡三号石棺

1. 西王母

据《山海经·西山经》记载："又西三百五十里，曰玉山，是西王母所居也。西王母其状如人，豹尾虎齿而善啸，蓬发，戴胜，是司天之力及五残。"[1]西王母在汉代受到广泛的崇拜是因其有不死药的说法被世人普遍接受。同时，其形象也由原始神话中描述的恐怖面貌变为戴着"胜"的中年妇女。"胜"应为西王母的发饰。在某些情况下，"胜"亦成为西王母及其仙界的代表。因此当"启门图"门周围出现西王母及其符号时，此处的"启门图"必然表现着世人对仙人世界的浪漫想象。例如四川南溪长顺坡三号石棺（图14），画面最大分栏的左侧描绘着在龙虎座上的西王母及其侍女，右侧有惜别的墓主人夫妇、随侍的侍者，神兽、飞鸟、持节人物。"启门图"位于整幅画面最大分栏中的区域中心。依照汉人从右向左的叙事顺序，整幅画面显然描绘着墓主即将经过半开的门而拜见西王母，获得升仙的机会。画面中飞鸟的朝向也向我们暗示着故事的发展顺序。在画面上层的分栏中，居中的是"胜"的符号，点明这层描绘的是仙人世界。

图 15　重庆璧山棺山坡 M3 石棺

在四川荥经石棺前挡画像上也可见戴胜而正襟危坐的西王母形象。另外，重庆璧山棺山坡 M3 石棺（图 15）亦描绘了坐在龙虎座上的西王母，此处的西王母虽未见戴胜，但龙虎座、半启的门上"胜"的符号，及日轮等元素都可以确定此图描绘的是西王母的仙人世界。关于"胜"的符号，在四川芦山县王晖石棺就见到被单独运用象征仙境的案例，此图中"胜"被雕刻在门楣上暗示门后是仙人世界，且启门人背后有羽翼仿若羽人的形象也证明此图关联仙人世界。

1　陈民镇，译注 . 山海经 [M]. 长沙：岳麓书社，2019：52-53.

2. 凤鸟

《山海经·南山经》中描述凤"见则天下安宁"[1]。在先秦时期，凤作为一种吉祥神鸟而备受尊崇。入汉以后，随着神仙思想的进一步风靡，凤被认定为一种拥有强大神性，可以助人升仙的神兽。《列仙传》中有云"攀龙附凤，逍遥始终。"[2]，其原意就是指借龙凤之力而升仙。在河南洛阳西郊汉墓出土的铜镜上有"凤凰舞兮见神仙，保长命兮寿万年"[3]的铭文，也可证明凤鸟在汉代被当作仙使，是仙境的象征。而"启门图"门周围出现凤鸟的情况并不少见，且因凤鸟的象征意义，此类"启门图"常表现仙人世界。例如，四川荥经石棺的画面中，半启的门旁一左一右就描绘有两只凤鸟。江苏睢宁双沟地区画像石（图16），画面中描绘有三重楼阁，楼中人似在交谈，"启门图"位于楼阁一层。而楼阁上立着巨大的凤鸟，并有羽人与之相戏，可见此图描绘的应是仙人世界的景象。再者，四川长宁洞7号崖墓左侧崖棺画像的左侧是一巨大的凤鸟引领着后面骑马的人，中部描绘着一楼阁，而半开半闭的启门图式位于楼阁二层。此幅画面中，凤鸟显然是仙界的使者，引领墓主通过半开的门进入仙人世界。

在江苏邳州白山故子M1前室画像石（图17），四川合江七号石棺（图18），江苏彭城缪宇墓前室画像石（图19）上都可见到凤鸟立于"启门图"所依附的楼阁之上。尤其江苏彭城缪宇墓前室的画像上不仅有凤鸟，还描绘有肩生双翼的神兽，表现的显然是仙人世界无疑。

3. 蟾蜍

蟾蜍是月中神兽，又被称为蛤蟆。在汉画像石中，它多出现在月轮之中，亦独立出现在仙境场景中。在神话传说中，蟾蜍被认为是仙界神兽，有助人升仙之力。山东嘉祥宋山小石祠堂西壁的汉画像石上，蟾蜍与玉兔双脚并立捣药的形象出现在西王母的周围。于是蟾蜍所捣之药被认为是西王母的不死药，故而蟾蜍也成为西王母仙境中的重要组成部分和升仙意象之一。例如，四川渠县赵家村无名阙右阙正面画像（图20），画面正中描绘着一身着燕尾裙的有翼仙人从半开门中探身出来，门左侧有一蟾蜍和一仙人，蟾蜍站立着似做捣药的动作，门的右侧还有一人手中似捧一盘，可能是为西王母保管不死药的侍者。依据门周围元素的分析，此处的"启门图"应是在世人想象中的仙人世界的一部分。此外，在四川南溪长顺坡三号石棺上层分栏描绘的仙人世界中，也可见蟾蜍的形象，在"胜"符号右侧就描绘有5个蟾蜍。

---

1 陈民镇，译注.山海经[M].长沙：岳麓书社，2019：18.
2 李剑雄，译注.列仙传全译/续仙传全译[M].贵阳：贵州人民出版社，1999：101.
3 中国科学院考古研究所洛阳发掘队.洛阳西郊汉墓发掘报告[J].考古，1963（2）：24.

图 16　江苏睢宁双沟地区画像石　　　　　　　　　　图 17　江苏邳州白山故子 M1 前室画像石

图 18　四川合江七号石棺

图 19　江苏彭城缪宇墓前室画像石

图 20　四川渠县赵家村无名阙右阙正面画像

图 21　江苏睢宁墓山汉墓 M1 画像石

4. 建鼓

　　"建"是树的意思，"鼓"为一种古老的打击乐器，所谓建鼓，是用一根树干贯穿鼓的腰部以将其竖立起来。有学者从文化学的角度解释建鼓，认为其鼓中立杆是沟通天地、接引神人的圣木。[1]汉代人相信通过表演建鼓可以与神沟通、并通过这种手段达到升仙的愿望。[2]因此在汉画像石中，建鼓也是作为沟通神灵、帮助升仙的工具而被广泛表现。在江苏睢宁墓山汉墓 M1 画像石（图 21）的画面中，门周围的场景就涉及建鼓舞的表演场面。此图分作五层，从下到上完整表现了前文所述的从地下世界，经人间世界，到仙人世界、天上世界的层级关系。虽然启门图式的部分位于画面的第二层，本属于人间世界的分栏中。但是从画面的整体语境分析，门后楼阁庭院中表演建鼓舞的场景有与仙境沟通或升仙的含义，且在建鼓舞场景的左上角可见凌空的仙人，而围绕楼阁飞舞的凤鸟也是仙境的象征，因此，此图中的"启门图"与仙境幻想及升仙程式有关。

1　卜键.建木与建鼓[J].文献，2000（4）：276-279.

2　朱存明.民俗之雅·汉画像中的民俗研究[M].北京：生活·读书·新知三联书店，2019：477.

五、"启门图"后世影响

进入魏晋，因为人们生死观念的改变，"启门图"也随之消失。战火纷飞的社会，人们见证了前代墓葬被毁灭性破坏，清醒地意识到"冢非栖神之宅"[1]，而墓葬中半开之门也无法通往仙人世界。自曹魏、西晋两朝开始，随着薄葬之风在全社会逐渐普及，刻绘"启门图"的画像石也成为了历史。北魏以后，虽然墓内装饰再次兴盛，但此期装饰图像主要反映长期以来的军事氛围，重点表现仪仗、侍从等，以突出身份阶级。

到了唐代，"启门图"再次出现。首先是与佛教建筑相结合，见于墓塔之上，现存仅零星几例。例如山东济南长清区灵岩寺唐惠崇塔，其东、西外壁各雕一扇半掩假门，东侧为一女子手执如意欲启门而入，西侧为一女子手提一壶仿若刚从门中而出（图22、图23）。山东兖州兴隆塔地宫出土的宋代舍利石函的前挡上，还见僧人启门图（图24），启门者的僧人身份赋予了这个图式宗教意味。

宋辽金墓葬中"启门图"再度大量出现。但随着市民阶层的兴起与世俗文化的长足发展，此期的"启门图"更富有浓厚的生活气息，此图式已与世人的日常起居生活深度融合。例如河南禹州白沙宋墓1号墓，该墓后室北壁便装饰着砖砌的假门，门一扉半开，一少女站在门内右手扶门而立。砖砌结合彩绘的表现方式令这一扇半开的门巧妙地融进墓葬空间。再例如，河北宣化辽墓张世卿墓后室东壁南侧的壁画（图25），描绘着一扇朱色凤门半开，一男子手捧经箱而入，与"门内"画面情节连续起来显然是在表现备茶、备经的日常生活场景，极具世俗气息。

六、结论

在"启门图"跨越地域、时代、信仰的流行过程中，其中某些载体或已经失去了其原有的含义，演变成一种纯粹的程式化装饰手段。针对此类图像的研究，结合社会时代背景、整体画面语境进行分析十分重要。通过对汉画像石"启门图"构成元素、构图形式、文化内涵的研究，可以发现"启门图"在汉代墓葬艺术中的运用或是地下家园的描绘或是对天上仙境的设想。在事死如事生的观念影响下，汉代人在墓葬这一地下居所中，穷尽所能地描绘着死后世界，浪漫绮丽地幻想着长生不死、升入仙境。匠人们尽己所能地将现实的、幻想的、人间的、仙境的、地下的、天上的一切刻画出来。在墓葬这个有限与无限并存的空间中，映射着各种现实与梦想的交织，在解读它的过程中，我们无法将其与画面中的其他要素割裂开来。就"启门图"而言，小而言之是关于汉人宇宙观中的地下世界和仙人世界，大而言之是汉代人对幸福、自由、浪漫、长生的奔赴、是极富意趣、极具人性的内容。

1　陈寿.三国志 [M].裴松之，注.武汉：崇文书局，2010：38.

图22　山东济南长清区灵岩寺唐惠崇塔东壁　　　　　图23　山东济南长清区灵岩寺唐惠崇塔西壁

图24　山东兖州兴隆塔地宫宋代舍利石函前挡　　图25　河北宣化辽墓张世卿墓后室东壁南侧的壁画

饮食之礼：汉代画像庖厨图研究

蒋佳妮

摘要：庖厨图作为汉代画像的重要题材之一，为分析和研究汉代人的饮食习俗提供了可分析的视觉图像材料，具有物质属性和审美属性。同时，分析庖厨图像也是探究汉代礼仪制度的有效途径，背后蕴含丰富的文化意义、具有政治功能。

关键词：庖厨图；汉画像；饮食习俗；礼仪制度；文化内涵

汉代是中国历史上重要时代之一，其艺术文化凝结了先秦时期艺术的精髓、发扬了楚文化的浪漫。西汉晚期开始流行的厚葬风俗，使得汉画像艺术开始兴盛，到东汉末期，战乱四起，汉画像艺术逐渐衰落。饮食是人赖以生存的必要条件，正如管子所言："衣食之于人也，不可以一日违也。"[1] 汉画像庖厨图在墓葬和祠堂建筑的画像石、画像砖等中均有发现，主要为丧葬活动服务。庖厨图刻画了汉代人的庖厨生活场景，描绘了汉代人的饮食生活，深入研究庖厨图的内容、形式和内涵，对了解汉代人的饮食习俗、礼仪制度和文化观念有重要意义。

一、基本概念

庖厨，即为厨房，最早出自《孟子·梁惠王章句上》："君子之于禽兽也，见其生，不忍见其死；闻其声，不忍食其肉。是以君子远庖厨也。"[2]《说文解字》："庖，厨也。""厨，庖屋也。"[3] "庖"最早见于《周礼·天官》"庖人"，是周代掌管膳食的官名。"厨"最早见于《孟子》一书。周朝末期，"厨"代替"庖"成为一个表具体"厨房"意义的词。庖是抽象的"做饭相关的事"，庖厨不仅指厨房，还包含人在厨房里做饭的活动。

1　黎翔凤.管子校注 [M].北京：中华书局，2004：728.
2　[清]阮元，校刻.十三经注疏 清嘉庆刊本 全5册 [M].北京：中华书局，2009：5810.
3　[汉]许慎.说文解字注 [M].[清]段玉裁，注.上海：上海古籍出版社，1981：443.

庖厨图是以"庖厨之事"作为题材的一种主题式装饰图像，最早关于庖厨图的文字记载是宋代金石学家赵明诚《金石录》："武氏有数墓，在今济州任城。墓前有石室，四壁刻古圣贤画像，小字八分书题记姓名，往往为赞于其上。"[1] 这里记载了山东嘉祥武氏祠画像及其题榜，而"庖厨图"概念的第一次提出是在清代金石学家阮元《广陵诗事》中，即"汉石阙二在宝应，朱孝廉武曹彬为文记之，为江都汪客甫所知，以钱五千募人窃归其一，为孔子见老子及力士庖厨图等像。"[2]

二、构成元素

目前，学界对庖厨图的类型分类没有统一的划分，根据不同分类的依据，将庖厨图分为不同的种类，如按照画面中分布的位置和与宴享活动的关系占比，将庖厨图划分为两类：一类是宴飨活动的附属，往往于宴飨活动的底层，画面占比较小、形式单一；另一类是作为画面中心的庖厨图、集中表现庖厨人物的忙碌场景。[3] 或者按照画面元素性质分为静态物品和动态操作两类，静态物品包括食物和食器，动态操作主要包括汲水、切菜、屠宰、炊煮、酿酒等工作。[4]

本文将按照画面的组成元素和活动方式，并遵循庖厨图的语义定义，将庖厨图分为三类元素：厨房环境、庖厨物品以及庖厨人物。

（一）厨房环境

古代住房建筑常将庖厨设于正堂之东，因此又有"东厨"的叫法。曹植《当来日大难》诗云："日苦短，乐有余，乃置玉樽办东厨。"有学者认为不仅生前的住宅是如此安排，死后的墓室与祭祀的祠堂也将绘制庖厨图的位置安排在东壁。[5] 而现实考古发现这种情况并不完全如此，根据现在出土的墓葬中的庖厨图汉画像石的位置考证，主墓室庖厨图主要集中于前室或中室的南壁，耳室庖厨图则在前室或中室的东耳室，两者的相对方位都在墓主左边。[6]

就庖厨图描绘的图像内容看，庖厨活动的范围不仅局限在厨房里，也有许多是露天进行的，即使刻画厨房也只是在房内置灶炊煮、悬挂肉类，像屠宰、汲水、酿酒等都是露天进行的。

1　[宋]赵明诚.金石录[M].济南：齐鲁书社，2009：159.
2　[清]阮元.广陵诗事·卷五[M].北京：中华书局，1985：82.
3　于秋伟.汉代画像石之"庖厨图"分析[J].中国博物馆，2010（2）：106.
4　赵路花.汉画像石庖厨图研究[D].武汉：武汉大学，2017：1.
5　于秋伟.汉代画像石之"庖厨图"分析[J].中国博物馆，2010（2）：107；张雯.山东与四川汉画像石的比较研究——以"庖厨图"为例[J].艺术科技，2018（5）：164."研究发现，汉画像砖中的'庖厨图'具有以下的特征：第一，该图像位置多集中于祠堂或墓室的东侧，这与汉代厨房的布局吻合。"
6　赵路花.汉画像石庖厨图研究[D].武汉：武汉大学，2017：84-86.

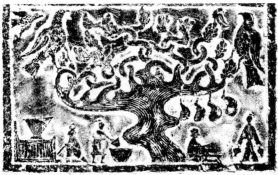

图 1　厨房图像 – 庖厨图 [1]　　　　　　　　　　　图 2　树下 – 庖厨图 [2]

　　厨房建筑图像有时覆盖所有的庖厨工作，有时出现在局部位置，并且不是每一个庖厨图都有出现厨房建筑图像。对于局部出现或没有出现厨房建筑图像的庖厨场景，对此，有学者以"露天"来描述该场景，或是将厨房建筑图像作为一种象征意义的解释，[3] 这种将部分图像元素作为一种象征性符号表现整个场景的做法，在背景运用时起到很大烘托作用。"以部分象征全体的手法常见于汉画。"[4]

　　按照邢义田对汉画像对内容分析，"解析格套的一个基本工作是确立图像构成的基本单元（unit），分析构成图像单元的元件（elements），区分其中必要，次要和非必要的部分。"[5]厨房建筑背景并不是庖厨图所需的必要部分，即使没有它，对庖厨图的理解也不会产生歧义。刑义田学者在《汉代画像中的"射侯射爵图"》中分析射爵射侯的场面时，认为树是应用在不同场合的元件，"树下有灶，有俎，完全是山东庖厨图中常见的场面。"[6]庖厨图中不仅没有出现厨房，反而出现了树的形象（图1、图2）。

1　于秋伟 . 汉代画像石之"庖厨图"分析 [J]. 中国博物馆，2010（2）：106.

2　于秋伟 . 汉代画像石之"庖厨图"分析 [J]. 中国博物馆，2010（2）：107；张雯 . 山东与四川汉画像石的比较研究——以"庖厨图"为例 [J]. 艺术科技，2018（5）：164."研究发现，汉画像砖中的'庖厨图'具有以下特征：第一，该图像位置多集中于祠堂或墓室的东侧，这与汉代厨房的布局吻合。"

3　对于庖厨活动是否露天进行学界有不同的观点。[1] 杨爱国学者认为庖厨部分活动是在厨房进行。杨爱国 . 汉画像石中的庖厨图 [J]. 考古，1991（11）：1027.[2] 同作者在另一本著作中认为不刻画厨房是雕刻的艺人的高明创作。杨爱国 . 不为观赏的画作·汉画像石和画像砖 [M]. 成都：四川教育出版社，1998：196."除山东临沂白庄等少量图像上可见厨房外，绝大部分庖厨图没刻厨房的房屋。这并不表示汉代人多是露天做饭，而是艺人们为了更好地表现各种庖厨活动，把厨房省略了，这正是艺人的高明所在。"[3] 于秋伟学者则认为露天的场景是当时庖厨情况真实的描绘。于秋伟 . 汉代画像石之"庖厨图"分析 [J]. 中国博物馆，2010（2）：109."庖厨图中的宏大场面主要是在露天举行，而不是在厨房中。这一个特点与夸大规模的思想无关，而是对当时进行庖厨活动的真实影像的描绘。"

4　邢义田 . 汉代画像胡汉战争图的构成 [J]. 台湾大学美术史研究集刊，2005（19）：82.

5　中央研究院历史语言研究所编 . 中央研究院历史语言研究所集刊 [C].2000：4.

6　中央研究院历史语言研究所编 . 中央研究院历史语言研究所集刊 [C].2000：9.

（二）庖厨物品

庖厨图画面表现的内容丰富，所展示出来的食物和炊具为我们描绘出汉代丰饶的物质生活与高超的制器技艺。

1. 食物

食物是庖厨图画面构成的一个重要因素。汉代食物丰富，在庖厨图中表现肉食和素食的画面都有描绘，肉类是其中的刻画重点。

（1）肉类

汉代的肉食可以分为三类：禽类、畜类和鱼类。《史记·货殖列传》中有对汉代农业、渔业、牧业的描述："故曰陆地牧马二百蹄，牛蹄角千，千足羊，泽中千足彘，水居千石鱼陂，山居千章之材。安邑千树枣；燕、秦千树栗，蜀、汉、江陵千树橘……通邑大都，酤一发千酿，域临千瓨，酱千瓨，屠牛羊彘千皮，贩谷粜千钟……蘖曲盐豉千合，鲐鮆千斤，鲰千石，鲍千钧"[1]。《汉书·食货志》中对汉代牲畜的饲养情况是这样描述的："鸡、豚、狗、彘毋失其时"[2]，可见汉代时期的鸡、狗、猪已经有较为成熟的饲养技术和环境。另，《周礼·天官·食医》又云："凡会膳食之宜，牛宜稌，羊宜黍，豕宜稷、犬宜粱、雁宜麦、鱼宜蓏。"[3]六膳乃牛、羊、豕、犬、雁、鱼，对于不同的肉类的养生吃法也有相当讲究。

庖厨图中刻画了鸡、鸭、牛、羊、猪、兔、鱼等，这些动物有的还是幼崽，围绕在庖厨活动周围；有的正在被屠宰；有的已经被处理过，被竖直地悬挂在空间的上方，如厨房的房檐，也有悬挂在悬架和立架上（图3），或树干上的情况。

在山东诸城前凉台出土的汉代画像石庖厨图中，可以清晰地观察到上述三种状态的动物，分别是悬挂在图像上方的已经处理好的肉类，有畜类、禽类和鱼类；在画面左中部位置有环绕在汲水操作旁边的禽类；画面的右侧从上至下则是正在被屠宰的羊、牛、猪、狗等畜类，展现了汉代肉食类型的丰富（图4）。

兔在庖厨图中常出现，在其他主题的汉画像中也是重要的表现图像之一，比如现实题材中被狩猎的野兔和神仙题材中的捣药玉兔、星宿玉兔[4]，而庖厨图中作为肉食的兔和其他主题画面中的兔形象在造型上有明显的区分。在庖厨图中，兔子作为食物主要强调的是它被屠宰后的状态，或置于案上，或悬挂于厨房中，因此，相比其他主题画面的"兔"形象，在刻画的时候缺乏灵动的姿态，强调解剖后的身体状态，将兔子从中间剖开、打开身体、平铺开来悬挂储存，可以看到兔子的四肢和肋骨结构（图5）。

1　[汉]司马迁.史记[M].北京：中华书局，1982：3272-3274.

2　[汉]班固.汉书[M].[唐]颜师古，注.北京：中华书局，1962：1120.

3　[清]阮元，校刻.十三经注疏 清嘉庆刊本 全5册[M].北京：中华书局，2009：1436.

4　王蔚波.汉画像中兔的造型艺术[J].寻根，2012（4）：56.

图 3　①悬挂在厨房房檐上的肉[1]　　　②悬挂在厨房悬架上的肉[2]

③悬挂在厨房立架上的肉[3]　　　　　　图 4　庖厨图中丰富的肉类[4]

1　赵路花.汉画像石庖厨图研究[D].武汉:武汉大学,2017:84-86.

2　对于庖厨活动是否露天进行学界有不同的观点。[1]杨爱国学者认为庖厨部分活动是在厨房进行。杨爱国.汉画像石中的庖厨图[J].考古,1991(11):1027.[2]同作者在另一本著作中认为不刻画厨房是雕刻的艺人的高明创作。杨爱国.不为观赏的画作·汉画像石和画像砖[M].成都:四川教育出版社,1998:196.“除山东临沂白庄等少量图像上可见厨房外,绝大部分庖厨图没刻厨房的房屋。这并不表示汉代人多是露天做饭,而是艺人们为了更好地表现各种庖厨活动,把厨房省略了,这正是艺人的高明所在。”[3]于秋伟学者则认为露天的场景是当时庖厨情况真实的描绘。于秋伟.汉代画像石之“庖厨图”分析[J].中国博物馆,2010(2):109.“庖厨图中的宏大场面主要是在露天举行,而不是在厨房中。这一个特点与夸大规模的思想无关,而是对当时进行庖厨活动的真实影像的描绘。”

3　邢义田.汉代画像胡汉战争图的构成[J].台湾大学美术史研究集刊,2005(19):82.

4　中央研究院历史语言研究所编.中央研究院历史语言研究所集刊[C].2000:4.

图 5　兔子图像　①案上·宰好的兔和鱼[1]　　②悬挂厨房中·被剖开的兔和鱼[2]

鱼在汉代也是日常的食物来源。《汉书·地理志》曰："江南地广……民食鱼稻，以渔猎山伐为业。"[3] 长沙马王堆曾出土多种鱼类残骸，如鲤鱼、鲫鱼、鳜鱼等。鱼不仅在庖厨图中常出现，在祭案中也多次出现，可见鱼在汉人生活中的重要性。鱼不仅是汉人喜爱的食物，也是富足生活的象征，蕴含对美好生活的期望（图 6）。

汉代肉食种类丰富，主要的肉食结构为猪、狗、羊、鸡、鱼等，而牛、马等役畜和其他动物则居于肉食中的次要地位。这与当下常见的肉类种类非常相似，因此，可以看出汉民族饮食文化的稳定性，以及汉代驯养和畜牧技术的成熟。

（2）素食

庖厨图中展现的素食主要有主食谷物、豆腐等。

汉代的庖厨图中的主食，一般表现为堆积在地上的谷物图像，另外，杵臼图像展示了谷物的加工过程，在农耕图和收租图中也能看到运粮食的车、谷物堆积如山等画面，侧面反映出汉代人以谷物作为主食的饮食结构（图 7）。另外，酿酒图和宴饮图中制酒、饮酒的场面也证明了谷物在汉代的丰盛产出程度，贵族阶级生活的奢靡与享乐可见一斑。

豆腐是中国传统美食，传由汉淮南王刘安发明。在新密打虎亭汉墓一号墓的庖厨图下半部分展现了制作豆腐的过程，这是最早展示完整制作过程的流程图。画面分为三层，最上层的主要是储存原料的缸罐[4]；第二层开始出现制作豆腐的准备工作，取出原料、剔除杂质；第三层是制作豆腐的完整过程，如浸泡、蒸煮、搅拌、磨豆、压制等[5]。虽然画面中的豆腐图像占比很小，但豆腐的形象已经清晰地出现在眼前（图 8）。

1　康兰英，朱青生.汉画总录 35 沂南 [M].桂林：广西师范大学出版社，2019：126.
2　李国新，杨蕴菁.中国汉画造型艺术图典 器物 [M].郑州：大象出版社，2014：25.
3　[汉] 班固.汉书 [M].[唐] 颜师古，注.北京：中华书局，1962：1666.
4　不同的学者对于打虎亭一号墓东耳室南壁画所绘制的内容存在争议，有学者认为上半部分是酿酒图，此处是存酒的缸，只有最底部是制作豆腐，如陈文华.豆腐起源于何时？[J].农业考古，1991（1）；夏亨廉，林正同.汉代农业画像砖石 [M].北京：中国农业出版社，1996：125.有学者认为三层都是制作豆腐的流程，如乔国强.试论新密打虎亭汉墓一号墓的艺术价值 [J].艺术观察，2021(176)：33.
5　应克荣.豆腐起源考 [J].安徽史学，2013（3）：127.

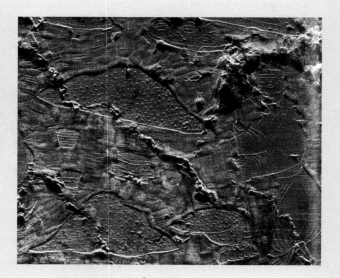

图 6　作为祭祀的鱼和禽[1]　　　　图 7　庖厨图中堆积的谷物[2]

图 8　豆腐制作工艺流程图[3]

1　山东省博物馆，山东省文物考古研究所.山东汉画像石选集[M].济南：齐鲁书社，1982：13.
2　康兰英，朱青生.汉画总录35沂南[M].桂林：广西师范大学出版社，2019年，第124页，"SD-YN-001-24局部"。
3　河南省文物研究所.密县打虎亭汉墓[M].北京：文物出版社，1993：134.

2. 炊具

庖厨图中也有描绘生火做饭用的灶具、釜鼎、坛罐、甑和瓦缸盆斗等[1]，各个炊具形态刻画生动、分工明确。

灶具是人们生火做饭、烹煮食物的器具。《汉书·五行志》称："竈（灶）者，生养之本。"[2] 灶在汉代具有国泰民安、生活富足的象征意义。庖厨图中"灶"的图像大多运用平视的角度，看不到顶面；有的会带45度角的透视、可以看到部分灶膛里塞着燃烧物的状况，有的则是完全正侧面90度角。灶的数量有单火眼灶和多火眼灶，像多火眼灶在庖厨图中可以见到如双火眼灶、四火眼灶等。灶的表面效果不一，有的朴素、仅仅表现灶的简单外形特征；有的在基础外形上进行装饰；有的刻画着极细的垂直交叉的横竖线，表现砖砌的效果；有的刻画着粗细不一的竖线，产生波浪的效果；有的正中间是一个十字穿璧纹，延伸到灶的四角再重复，以此形成丰富的装饰效果，这个纹样在汉代的装饰范围很广，在庖厨图汲水的井上也有出现（图9）。

《孟子·滕文公章句上》载："许子以釜甑爨"[3]，釜、甑都是古代炊具，在庖厨图上所刻画的形象较简单，偶尔在器物上装饰横向结构线。汉代王充《论衡·知实》载："颜渊炊饭，尘落甑中。"[4] "炊饭"是古代书面语中蒸饭的称呼。《云笈七签》载："令铸釜造甑，乃蒸饭而烹粥，以易茹毛饭血之弊。"[5] 甑不可单用，釜可单用进行煮羹、烹粥、煮茶等操作。[6] 鼎也是古代炊具之一，《说文解字》载："三足两耳，和五味之宝器也。"[7] 打虎亭汉墓一号墓东耳室东壁顶部"刻画一个颈部有铺首衔环、马蹄形足的大铁鼎"[8]（图10）。

（三）庖厨人物

汉画像石上所描绘的庖厨人物五官和衣纹都有生动的刻画，姿势丰富，或直立、或跪坐、或趴伏在地上。女性主要从事酿酒、炊煮等精细的轻体力活动；男性主要负责汲水、切菜、屠宰等重体力活动。

---

1 乔国强.试论新密打虎亭汉墓一号墓的艺术价值[J].美术文献，2021（6）：33.

2 [汉]班固.汉书[M].[唐]颜师古，注.北京：中华书局，1962：1436.

3 [清]阮元，校刻.十三经注疏 清嘉庆刊本 全5册[M].北京：中华书局，2009：5883.

4 [汉]王充.论语校释[M]，北京：中华书局，1990：1087.

5 [宋]张君房.云笈七签[M].济南：齐鲁书社，2002：544.

6 黄金贵."炊饭"释义[J].浙江大学学报（人文社会科学版），2020（2）：53.

7 [汉]许慎.说文解字注[M].[清]段玉裁，注.上海：上海古籍出版社，1981：319.

8 河南省文物研究所.密县打虎亭汉墓[M].北京：文物出版社，1993：134.

图 9 灶具[1]

图 10 鼎[2]

1 李国新，杨蕴菁.中国汉画造型艺术图典器物 [M].郑州：大象出版社，2014：9.“图①食器·灶，汉画像石，安徽宿州”。
2 河南省文物研究所.密县打虎亭汉墓 [M].北京：文物出版社，1993：138.

图 11　①身着直裾深衣的庖厨人物 [1]　　②身着曲裾深衣的庖厨人物 [2]

在密县打虎亭一号画像石墓耳室北壁的西幅的上层画面中，案侧有四个女性仆人在向食器中分装食物。[3]

中国传统服饰从形制上分为上衣下裳制与衣裳连属制两大类，在西周以前服装基本采用上衣下裳，春秋战国之后出现了深衣。《礼记·深衣》记载："古者深衣，盖有制度，以应规矩绳权衡。短毋见肤，长毋被土，续衽钩边，要缝半下。"郑玄注："名曰深衣者，谓连衣裳而纯之以采也。"[4] 在四十里铺镇出土的东汉时期画像石中刻画着身着直裾深衣的庖厨人物，而在山东沂南汉墓中室南壁横额东段右上部分刻画的椎牛人物身着曲裾深衣（图11）。

此外，从事庖厨之事的人为社会地位低下的仆役，在进行体力劳动时并不完全注重穿衣的礼仪规范，因此，在庖厨图中多次出现裸露上身、下半身着短裙、赤脚的人物图像也不足为奇。在山东沂南汉墓中室南壁上横额东段的庖厨图中，出现了两位赤裸上身的人物，一人在剥羊皮、一人在案前操作。案前操作者因为姿势的关系，身体处于正侧面朝向，可以清晰地观察到操作者的身体结构，包括胸前、肚脐和手臂纹理、手肘关节、脚趾的细致刻画，对于人体结构有着清晰的认知和把握；他头戴巾、上身赤膊、下半身穿着短裙、赤足，面前的案上摆放着两缸，正在其中的一个缸前持物制作着，如此一个生动的劳动者形象跃然眼前（图12）。

1　康兰英，朱青生.汉画总录5绥德[M].桂林：广西师范大学出版社，2012：94.

2　崔忠清.山东沂南汉墓画像石[M].济南：齐鲁书社，2001：104.

3　杨爱国.不为观赏的画作·汉画像石和画像砖[M].成都：四川教育出版社，1998：198.

4　阮元，校刊.十三经注疏·礼记注疏[M].台北：艺文印书馆，1979：963.

图12　①裸露上身的庖厨人物[1]　　　　　②裸露上身的案前操作者[2]

三、内容表现

通过上述三类元素构成了一系列不同的画面表现，人物通过使用不同的物品完成庖厨所需的工作，这些工作的内容大致可以分为以下几类：汲水、屠宰、刀切、杵臼、烹饪、酿酒等。[3]

（一）汲水

汲水指取水，《说文解字》载："汲，引水于井也。"[4]其指从井里打水。

汉代有两种汲水方式，一是用桔槔，一是用辘轳（图13）。桔槔汲水一般用于浅水河岸边，辘轳汲水常用于深井取水。桔槔汲水利用杠杆原理，在横杆的一头绑上重物、一头绑上取水壶，通过操纵取水壶的绳子可以省力地取水。辘轳汲水是在井上搭建架子，通过转动架子上安装的辘轳将取水壶从井里提起取水。利用物理原理搭配机械，最大限度地解放劳动力，便捷地获得水资源，并且因地制宜地采用最适宜的方式设置汲水设施，两种不同的汲水方式是汉人智慧的体现。

1　傅惜华.山东汉画像石汇编[M].济南：山东画报出版社，2012：236-237.

2　康兰英，朱青生.汉画总录35 沂南[M].桂林：广西师范大学出版社，2019：127.

3　不同学者就庖厨图内容作出的分类方式。一、杨爱国.汉画像石中的庖厨图[J].考古，1991（11）：1024-1027.其将庖厨图主要内容"大致分为如下四类：1.屠宰图；2.汲水图；3.炊煮图；4.切菜图……除上述四类图像外，有些庖厨图上还雕刻有厨房、拾猪、抬食物、往货架上置食物、酿酒、烤肉串等图像。"二、纪洲丽."鱼"在汉画像石上的寓意[J].文化产业，2018（3）：69."从画面看，所谓庖厨，无非是灶火、井台、酒具、牲等内容的排列组合。"三、王双生.汉代画像石中的庖厨图研究[D].长春：东北师范大学，2012：8."汉画像石中的庖厨图就其内容而言，可以分为六类：宰杀图、切割图、汲水图、抬物图、炊煮图、加工作坊图，而这六大类又可以各自划分为若干小类。"

4　[汉]许慎.说文解字注[M].[清]段玉裁，注.上海：上海古籍出版社，1981：564.

（二）屠宰

屠宰根据对象的不同可以分为杀猪、宰羊、椎牛、屠狗、烫鸡、剖鱼等。

在山东诸城前凉台出土的汉代画像石庖厨图中汇集了杀猪、宰羊、椎牛、屠狗、烫鸡、剖鱼操作。在画面右下方的杀猪场景中，两个人合作进行杀猪。在杀猪图像的上方，有两人正在配合杀牛，与杀猪不同，两个人分别从牛头和牛尾两个部位用绳子将牛拉住固定，拉住牛尾的人使用双手、扎马步的姿势，拉住牛头的人用脚将牛鼻子穿的绳用力踩在地上，将双手解放出来进行杀牛操作，通过两个人的默契配合可以高效地完成屠宰工作。不仅是猪和牛，上方的羊、下方的狗和左侧的禽类都有盆在旁边，对于屠宰动物进行放血的操作已经是驾轻就熟。汉人对动物进行放血操作的原因，不论是因为动物的血会使肉食烹饪后味道不新鲜，还是认识到这也是独特的食物，都能看出汉代的烹饪手法已经很成熟。在画面的中间部分有一人站立提鸡、身前放置着一个盆，双手正在给鸡拔毛，他的身侧还散落着两只等待处理的鸡。在画面的上部有一人跪立于案前一手持尖刀、一手按住鱼，正在进行剖鱼的操作，旁边的两个盘中还有待处理的鱼。

（三）刀切

案前切菜图一般是人物跪坐在案前，一手持菜一手持刀。在山东诸城前凉台出土的汉代画像石庖厨图的切菜场景中绘制了三个并排跪立在长案前的人物，左手持菜，右手持刀的姿势，旁边站着一个人物，疑似管理人员在指挥他们进行工作。这个场景的描绘没有采用一般的正侧面的视角，而是用斜45度的透视角度表现三个人物在一个桌子上共事的场景，更显庖厨活动的火热和繁忙，也表现了主人家宴请活动的热闹以及家族的鼎盛。

汉代有生吃肉类的习惯，将肉刀切后直接食用。《礼记·内则》载："渍，取牛肉必新杀者，薄切之，必绝其理，湛诸美酒，期朝而食之以醯若醢醷。"[1] 此生食牛肉法，取新鲜刚杀的牛肉，利刀薄切，"言切肉时横断其纹理也，横断则生肉易嚼"[2]，再将其以美酒腌制去膻味，拌梅酱食用。

（四）杵臼

杵臼图像一般被认为是舂捣粮食（图14、图15）。这类图像与粮食收集和加工的图像在一起组成农业图，在山东微山县和徐州出土的杵臼图像中，庖厨画面的其他组成部分中出现了肉类元素，结合《礼记·内则》中记载捶打肉类的方法："捣珍，取牛羊麋鹿麇之肉，必脄，每物与牛若一，捶反侧之，去其饵，熟出之，去其饵，柔其肉。"[3]《说文解字》载："捣，

1　[清] 阮元，校刻. 十三经注疏 清嘉庆刊本 全5册 [M]. 北京：中华书局，2009：3180.

2　尚秉和. 历代社会风俗事物考 [M]. 北京：中国书店，2001：89.

3　[清] 阮元，校刻. 十三经注疏 清嘉庆刊本 全5册 [M]. 北京：中华书局，2009：3180.

图 13 ①桔槔汲水图[1]   ②辘轳汲水图[2]

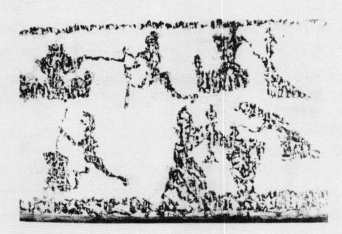

图 14 农业杵臼图[3]

图 15 庖厨杵臼图[4]

1　武利华.徐州汉画像石通论 [M].北京：文化艺术出版社，2017：203.

2　武利华.徐州汉画像石通论 [M].北京：文化艺术出版社，2017：200.

3　夏亨廉，林正同.汉代农业画像砖石 [M].北京：中国农业出版社，1996：46.

4　①夏亨廉，林正同.汉代农业画像砖石 [M].北京：中国农业出版社，1996：121.②武利华.徐州汉画像石精选 [M].北京：线装书局，2001：8.

手椎也。一曰，筑也。"[1] 其指将肉混在一起捣烂、反复捶打，去其筋膜，将五种肉合为一种，再调味而食。在制作肉干时，也不用刀切而直接捶肉，《礼记·内则》载："为熬，捶之，去其皽，编萑，布牛肉焉，屑桂与姜，以洒诸上而盐之，干而食之。"[2] 捶肉是汉代处理食物的方法之一。

（五）烹饪

熟食烹饪手法可以分为以水为介的炊煮和以火直接烧烤两类。

炊煮可分为灶前炊煮、鼎或釜置地炊煮等类型。灶前炊煮有时是一个人操作，或跪在灶侧边掌控火候，或站立在灶前做饭（图16）；有时会由两个人合力完成炊煮的操作，一个人跪在灶侧边烧火，一个人站立在灶前做饭、下半身被灶遮挡了一部分。鼎或釜置地炊煮不使用灶台，而是直接将火生在鼎或釜等炊具之下，操作者为单人或多人合作，庖厨人物有时跪坐于地，有时站立搅拌。

烧烤在古代记载为"炙"，《说文解字》中对炙解释为："炙肉也。从肉在火上。"[3]《诗经》载："有兔斯首，燔之炙之。"[4]《释名·释饮食》载："炙，炙也，炙于火上也。"[5] 其指将动物的皮毛去除后以钎子穿成串，再放在火上烧烤。"今民间酒食，殽旅重叠，燔炙满案。"[6] 在山东四十里铺镇出土的庖厨图中可以看到：四块食物被串在长签上，每块食物之间留有合适的间距以保证受热均匀，仆役手持长签在火炉上翻烤食物，眼神盯着食物和火炉的方向，专注食物是否已经充分料理好（图17）。此外，除了手持长签的烧烤，还有将串好的长签放置在火炉上直接烤制的，如此可以多串烧烤同时进行，提高烤制的效率。在山东诸城出土的庖厨图中可以看到由三人配合完成烧烤的图像，一个长条形的烧烤火炉的两端各跪坐一人，伸手翻动长签确保食物烤制程度，其中一人手持疑似扇子给火扇风，还有一人单足跪立面朝火炉，伸手拿串或递出串，旁边有一圆盘上面放置两串，三人分工配合烧烤。

汉人多种烹饪手法是对食物的享受与生活的追求，同时食用熟食、利用高温将料理食物达到灭菌杀毒的效果，体现对病理知识的了解，展现健康卫生的饮食观念。

1　[汉] 许慎 . 说文解字注 [M].[清] 段玉裁，注 . 上海：上海古籍出版社，1981：605.
2　[清] 阮元，校刻 . 十三经注疏 清嘉庆刊本 全 5 册 [M]. 北京：中华书局，2009：3181.
3　[汉] 许慎 . 说文解字注 [M].[清] 段玉裁，注 . 上海：上海古籍出版社，1981：491.
4　程俊英，蒋见元 . 诗经注析 [M]. 北京：中华书局，1991：737.
5　[汉] 刘熙 . 释名疏证补 [M]. 北京：中华书局，2008：140.
6　[汉] 恒宽，王利器，校注 . 盐铁论校注 [M]. 北京：中华书局，1992：351.

图16　①灶前炊煮[1]

②鼎置地炊煮[2]

图17　烧烤[3]

（六）酿酒

酿酒操作有煮米谷、搅拌、漏缸沥酒等。在山东诸城前凉台出土的汉代画像石庖厨图的底部描绘了细致的酿酒场面。

饮酒是汉代重要的饮食文化之一，《战国策·魏策二》载有"昔者帝女令仪狄作酒而美，进之禹，禹饮而甘之，随疏仪狄，绝旨酒。曰：'后世必有以酒亡其国者。'"[4]其描述酒易令人沉溺亡国，从侧面体现酒的甘甜。汉代首创"初榷酒酤"[5]政策，实行酒类专卖，成立了卖酒的机构。饮酒从贵族阶层风靡至平民阶层，在《汉书·食货志》中对饮酒现象有这样的描述："百礼之会，非酒不行。"[6]可见当时饮酒文化的盛行，庖厨图中的酿酒场面是对当时世俗生活的反映。

1　李国新，杨蕴菁.中国汉画造型艺术图典 器物 [M].郑州：大象出版社，2014 年，第 31 页，"图②食器·灶，汉画像砖，四川成都新都"。

2　李国新，杨蕴菁.中国汉画造型艺术图典 器物 [M].郑州：大象出版社，2014 年，第 30 页，"图①食器·釜，汉画像砖，四川彭州"。

3　康兰英，朱青生.汉画总录 5 绥德 [M].桂林：广西师范大学出版社，2012 年，编号 SSX-SD-061-02 画像石拓片局部，第 94 页。

4　康兰英，朱青生.汉画总录 5 绥德 [M].桂林：广西师范大学出版社，2012：94.

5　[汉] 刘向.战国策 [M].济南：齐鲁书社，2005：266.

6　[汉] 班固.汉书 [M].[唐] 颜师古，注.北京：中华书局，1962：204.

四、文化内涵

庖厨图描绘的场景，在展现当时汉人饮食习惯和风俗的同时[1]，也反映了汉人的艺术审美和文化观念。

（一）艺术审美

庖厨图的艺术审美主要体现在主题内容和艺术风格两方面。

1. 主题内容——"以人为本"

庖厨图的艺术审美的通过主题内容的变化来展现。汉画像主题内容主要分为两类：神话故事和现实题材。其中现实题材又分为历史故事和世俗生活（图18）。庖厨图描绘的是世俗生活，通过画面中庖厨人物具体的行动、物品、场景，描绘了汉人在厨房中劳作的场面，庖厨图与狩猎图、车马出行图等构成了世俗生活上空间的展开，通过一幅幅具体的现实图景，展现生活中欣欣向荣的生机场面。庖厨图作为典型的世俗生活的图景，这类的世俗类题材的兴盛，表明汉人对于生活场景的关注，形成了与之前艺术表现集中在神仙的世界不同的热闹生活场景；即使是以神话故事作为题材的汉画像中，也从"神性"的表现转化到"人性"的展现，这是新的艺术结构和艺术精神，展现了汉代"以人为本"的哲学观念。

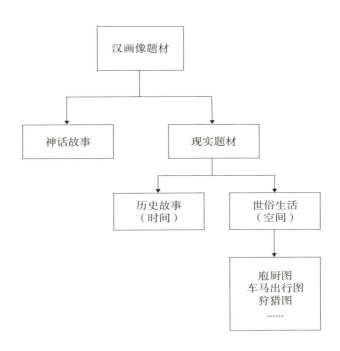

图18　汉画像题材分类

1　[汉]班固.汉书[M].[唐]颜师古，注.北京：中华书局，1962：1182.

庖厨图中饮食内容着重表现的是肉食，画面中几乎没有出现蔬菜瓜果的刻画场面，而汉代并非没有食用蔬菜的习惯，《汉书·地理志》载："果蓏蠃蛤，食物常足。"[1]《汉书·食货志》载："菜茹有畦，瓜瓠果蓏。"[2]木食为果，草食为蓏，果蓏是瓜果的总称，在各地遗址出土中也见到多种蔬菜、瓜果、种子的踪迹。因此，庖厨图画面内容并非完全真实，而是在表现的时候有意识地选择强调肉食，汉代"肉食者尊"的思想观念蕴含其中，凸显肉类的重要性是显示主人的地位，借此表明主人"酒肉充厨"的富有。

庖厨图刻画了一个食物丰盈的场面，其题材反映出汉人对客观世界的理解和描述，描绘出一个充满生命力的热闹世界，是汉人对生活世界的歌颂与赞美，充满了人间的乐趣。此外，庖厨图作为丧葬服务的一部分，所展现的是对于亡者死后享乐生活的一种憧憬和描绘，要将生前凡俗世界的快乐带到死后的愿望。

2. 艺术风格——"寓巧于拙，寓美于朴"

庖厨图的艺术风格主要以古拙、质朴为特点。庖厨汉画像艺术依靠对于人物的外貌轮廓的描绘、庖厨动作情节的展开来述说汉代人对于世界的理解，图像并没有精细的细节和修饰，艺术风格上抛弃个性的表达和主观抒情，整体表现手段以粗线条、粗轮廓的描绘为主，突出人物形体的夸张和动作简洁的形象，表现出力量运动以及气势的美。"在汉代艺术中运动，力量、'气势'就是它的本质。"[3]"人物不以其精神心灵，个性或内在状态，而是以其实真事迹，行动，亦即其对世界的直观的外在关系（不管是历史情结和现实活动），来表现它的存在价值的。"[4]庖厨汉画像中人物线条简洁有力，人物造型明确干练，动作准确清晰，刻画出庖厨人物的劳动状态和劳动情景，展现庖厨活动中的一派生机热闹的景象和人民不畏劳苦、积极乐观的民族精神。

（二）文化观念

庖厨图描绘死者生前的奢靡生活，以及对死后理想生活的延续。对于庖厨图背后的社会文化解读，目前学界主要认为是儒家"礼乐教化"的重要部分：有学者研究认为庖厨图从乡饮酒礼角度看，宜与乐舞图一起划分于宴饮图之内[5]。有学者赞同庖厨图所绘场景是当时"礼""孝"儒家思想的反映，"通过烹饪人人所必需的食物和祭祀物品凝聚家庭"[6]，是对

1　杨爱国先生是最早对庖厨图进行探讨的，认为庖厨图，反映出当时地主阶级的饮食生活和汉代人饮食习俗。杨爱国 . 汉画像石中的庖厨图 [J]. 考古，1991（11）：1028.
2　[汉] 班固 . 汉书 [M].[唐] 颜师古，注 . 北京：中华书局，1962：1666.
3　[汉] 班固 . 汉书 [M].[唐] 颜师古，注 . 北京：中华书局，1962：1120.
4　李泽厚 . 美的历程：修订插图本 [M]. 天津：天津社会科学院出版社，2001：135.
5　李泽厚 . 美的历程：修订插图本 [M]. 天津：天津社会科学院出版社，2001：137.
6　汪小洋 . 汉代墓葬绘画"宴饮图"考释 [J]. 艺术百家，2008（4）：74."《仪礼·乡饮酒礼》中的乡饮酒礼是将乐舞和庖厨纳入宴饮内容做统一考虑的。"

家庭和谐、社会稳定的期望。另外一些学者表示庖厨图所代表的意义在儒家"孝道"之外还体现了其他的目的，如祭祀祖先及与神灵沟通的观念[1]。另有学者认为庖厨图是当时流行宏大丧葬场面和丧葬习俗的反映，是厚葬风俗的一部分，其内容没有细节和具体的内涵，而是固定的图像范本[2]。

汉画像艺术审美观"从天上到人间，从鬼神到现实"的转变是汉代的思想观念的反映：从神秘的黄老哲学转向务实的儒家哲学。汉代实行"罢黜百家，独尊儒术"的方针，使得儒学成为文化思想和政治统治的哲学基础，儒家理学"天人理论"对汉画像艺术产生了重要的影响，在汉画像庖厨图中体现了儒家"孝"和"忠"的文化观念。

1. 孝道

庖厨图描绘的丰富的肉类和繁忙的庖厨活动体现出后代对死者的孝心，是孝道的重要体现。《礼记·祭统》载："凡治人之道，莫急于礼。礼有五经，莫重于祭。夫祭者，非物自外至者也；自重出生于心也。心而奉之以礼，是故唯贤者能尽祭之义。贤者之祭也，必受其福，非世所谓福也。福者备也，备者百顺之名也。无所不顺者谓之备，言内尽于己，而外顺于道也。……祭者，所以追养继孝也。孝者蓄也。顺于道，不逆于伦，是之谓蓄。是故孝子之事亲也，有三道焉：生则养，没则丧，丧毕则祭。养则观其顺也，丧则观其哀也，祭则观其敬而时也。尽此三道者，孝子之行也。"[3] 孝道作为"礼"的一部分，体现在养、丧、祭三方面，汉画像庖厨图是丧葬仪式活动的一部分，强调了"孝道"思想。

同时，庖厨图中的孝道是一种社交属性的体现，死去的人并不会真的享受到画面中的饮食享乐，也感受不到丧葬的盛大场面，整个丧葬仪式是后人的孝道展示场所，是在活人现实生活中展现给周围人看的。汉人生活在儒学"孝为先"的时代，若是不尊长辈是要受到社会指责和排挤的，厚葬祖先、表明孝心是汉代的德行通行证，证明自己值得结交、礼仪品行良好。

2. 忠道

庖厨图不仅是"孝道"的体现，也是"忠道"的需要，《孟子·滕文公上》载："父子有亲，君臣有义，夫妇有别，长幼有序，朋友有信。"[4] 忠与孝是儒家文化的核心，孟子在向梁惠王进言时强调"孝悌"的重要性，《孟子·梁惠王上》载："申之以孝悌之义"[5]；在曾子的论述中更是直接将孝道作为忠君的一部分，《礼记·祭义》载："事君不忠，非孝也，莅官不敬，非孝也！"[6] 通过不断地将孝道政治化，最终是为了维护等级制度，实现国家政治统治稳固。

---

1 张保玲.汉画"庖厨图"再释[C]// 汉画与汉代社会生活——中国汉画学会年会，2011：91.

2 王莉娜.略论汉画像石中的庖厨图[J].文物鉴定与鉴赏，2018（7）：29.

3 于秋伟.汉代画像石之"庖厨图"分析[J].中国博物馆，2010（2）：109-110.

4 [清]阮元，校刻.十三经注疏 清嘉庆刊本 全5册[M].北京：中华书局，2009：3478-3479.

5 [清]阮元，校刻.十三经注疏 清嘉庆刊本 全5册[M].北京：中华书局，2009：5884.

6 [清]阮元，校刻.十三经注疏 清嘉庆刊本 全5册[M].北京：中华书局，2009：5798.

《礼记·礼运》载："夫礼之初，始诸饮食。"[1]礼仪制度始于饮食活动，食物也是礼仪制度表现的重要载体。庖厨饮食中，食物具有等级属性，具有政治控制意义，是统治者权威的符号代表，贱民不得食，而贵族则饮酒笙歌。中国传统社会是等级社会，等级制度通过宗族、礼仪、服饰等维护，饮食也是维护等级制度、传达统治权威的媒介之一。庖厨图并非写实的场景，普通人家也不可能常食肉类，庖厨图绘制的意义更多的是想象和象征性的，即便是来源于现实的饮食素材，但是如此相似又不现实的"格套"表现，是民众美好愿望的抒发，而这种愿望源于政治统治的需要。庖厨图中对饮食的描绘，其最根本的目的是宣扬阶级统治的合法性，将食物作为政治博弈的工具，不仅在生前是贵族的享用，即便是死后也是。贵族不断刻画奢靡的饮食生活与普通民众庖厨图描绘的"肉食"场面憧憬更是体现了当时封建政治统治的稳固和儒家思想的影响之深。因此，庖厨图汉画像具有政治性的统治目的。

五、结论

庖厨图汉画像为探究汉代饮食习俗提供了依据；庖厨图上种类多样的肉食和细致讲究的烹饪工序反映了汉代饮食文化的丰富，体现了汉代发达领先的经济水平；但是庖厨图在画面形式和内容上存在"格套"的情况，对其反映的饮食结构的真实性存疑，受到当时社会文化观念的影响，庖厨图刻画的是一种理想化、观念化的饮食生活。汉画像庖厨图表面上是石刻图像，记录汉人生活、装饰丧葬场合，实际上除了表现出原有的社会意义之外，是一门体现了艺术性、社交性、政治性的图像审美艺术。庖厨图汉画像作为视觉图像材料，具有物质属性和审美属性，艺术性体现在庖厨图的构成元素、内容表现、艺术审美等方面；庖厨图背后反映的汉代礼仪制度和儒家文化中的"孝道"证实了社交性；"忠"的观念反映出庖厨图的政治性，庖厨图像的内容安排和丧葬用途都服从于政治统治的需要。

---

1 ［清］阮元，校刻．十三经注疏 清嘉庆刊本 全 5 册［M］.北京：中华书局，2009：3469.

纹样流变探析

飞龙在天——汉画像石"双龙穿璧纹"研究

王石竹

摘要： 双龙穿璧纹是中国传统墓葬艺术中的典型纹样，在汉代十分盛行。双龙穿璧纹的种类繁多，本文将以汉画像石上出现的双龙穿璧纹为对象，对其数量分布、构图样式和文化内涵进行分析，探明双龙穿璧纹在汉代得以兴盛的内在原因，并对其审美价值和文化价值进行分析。

关键词： 汉画像石；双龙穿璧；升天；重生；辟邪

双龙穿璧纹是汉代画像石上大量出现的装饰纹样，在汉代，因盛行以汉画像石装饰墓室，这一纹样得以兴盛。双龙穿璧纹的基本构成元素是双龙和玉璧，构图样式大致为：双龙位于画面两侧，龙体相交盘绕，穿过中间的玉璧。双龙穿璧纹的形式多样，内涵丰富。按照龙体方向的不同，构图可分为横向构图和纵向构图。横向构图的类型出现在汉墓墓门的门楣上，纵向构图的类型出现在汉墓的墓室支柱上。通过对双龙穿璧纹的不同样式和文化内涵进行分类研究，笔者认为双龙穿璧纹是汉代神仙思想和祈福观念的外化产物，无论是对升天重生的追求，还是对驱邪避恶的渴望，都反映了汉代浓厚的神仙思想和汉人独特的祈福观念，对中国汉代的文化研究具有重要意义。

一、名称由来

"双龙穿璧"这一称呼最早可追溯到马王堆一号汉墓，在《长沙马王堆一号汉墓（上集）》的考古报告中，将"T"形帛画上出现的两条巨龙以及玉璧的组合图案描述为"谷璧交龙"。谷璧交龙的图案将画面分为两个部分，两条巨龙分别位于画面两侧，相交之后穿过画面中间的谷纹玉璧。[1] 在此之后，"双龙穿璧"的说法就不断地被发掘者和讨论者用来形容龙、璧之间的关系。[2]

1　湖南省博物馆，中国科学院考古研究所.长沙马王堆一号汉墓 [M]. 北京：文物出版社，1973：42.

2　巫鸿.马王堆一号汉墓中的龙、璧图像[J].文物，2015（1）：55.

龙与璧组合形式在东周就已出现[1]，且分布范围很广。汉代盛行以汉画像石装饰墓室，因此带有各种寓意的装饰纹样也随之发展起来。双龙穿璧纹便是其中一种，这种纹样在汉代画像石上大量出现，元素由双龙和玉璧组成，元素统一，样式丰富。因其构成元素的特殊性，也承载了丰富的文化内涵。

双龙穿璧纹（图1）的构成元素为双龙和玉璧。画面为两条龙的躯干相互交缠穿过玉璧或环绕玉璧，龙体相交有一次和多次的。双龙穿璧纹可分为具象和抽象两类。具象的双龙穿璧纹根据样式不同，分为穿璧式及环璧式，包括单次穿璧式、多次穿璧式、单次环璧式及多次环璧式。抽象的双龙穿璧纹根据构成元素不同，分为动物组合式和单独纹样式。

二、数量及分布

具象的双龙穿璧纹出现在秦至西汉前期，一直流行至东汉后期。其中，穿璧式主要出现在西汉后期至东汉后期，而环璧式则出现于秦至东汉前期，其历史演进趋势为：单次环璧式、多次穿璧式、单次穿璧式。[2]抽象的双龙穿璧纹主要出现在东汉。

具象双龙穿璧纹的主要分布区域有四个，分别为：山东的中南部以及江苏西北部和安徽北部等区域；河南省的中南部尤其是以河南唐河为主的中心区域，以陕西中部为中心并囊括了陕西咸阳大部分的区域；以四川宜宾为主的四川东南部区域。[3]抽象的双龙穿璧纹在山东、陕西、河南和四川均有出现。

双龙穿璧纹分布的主要地区集中在山东的中南部以及江苏西北部和安徽北部等区域，多种类型的双龙穿璧纹在此均有分布，其中以双龙穿多璧式发现最多。河南省中南部发现的双龙穿璧纹位居其次，主要以穿璧式的两种样式发现最多。其余两地发现的双龙穿璧纹数量较少，陕西中部分布的双龙穿璧纹以环璧式为主，四川东南部仅发现一例双龙穿单璧式纹样[4]。抽象的双龙穿璧纹分布较为松散，没有明显的聚集区域。

三、构图样式

汉代的双龙穿璧纹基本形式是双龙缠绕相交，穿过或环绕玉璧。目前发现的汉代双龙穿璧纹，双龙环绕玉璧的形象较少，多数为双龙缠绕穿过玉璧中心。根据风格、元素组合方式、数量作为区分，汉代"双龙穿璧纹"的构图样式大致可分为以下两类。

---

1   叶舒宪.二龙戏珠原型发生及功能演变[J].民族艺术，2012（2）：26.
2   张梦杰.秦汉至隋唐时期交龙纹初步研究[D].太原：山西大学，2017：10-13.
3   张梦杰.秦汉至隋唐时期交龙纹初步研究[D].太原：山西大学，2017：6-16.
4   张梦杰.秦汉至隋唐时期交龙纹初步研究[D].太原：山西大学，2017：13.

（一）具象的双龙穿璧纹

此类纹样构图较为复杂，细节较为丰富，主要的构成元素是双龙和玉璧。双龙横向缠绕或纵向缠绕，然后穿过或环绕玉璧，画面中的玉璧为一字排开排列。画面风格具象，与抽象的双龙穿璧纹相比，表现的细节更多。按照玉璧的数量和龙体相交位置作区分，具象的双龙穿璧纹可以分为双龙穿单璧型、双龙穿多璧型、双龙环单璧型三类。

1. 双龙穿单璧型

双龙穿单璧型，这一类型主要特点是相交方式比较简单，其相交次数只有一次，相交的位置在玉璧之中。双龙穿单璧的类型数量较多，主要发现在河南省的中南部，时代为西汉后期至东汉后期。这种类型的纹样以横向构图居多。河南禹州出土的墓室门楣上的双龙穿璧纹（图 2）也是此类典型。画面横向构图，双龙向两侧展开，龙首相对，五官清晰，鳞片密布，龙口大张。龙尾相交于画面中心，龙尾自然下垂，穿过玉璧的中心，所处时代应晚于公元 14 年。[1]

河南方城曾出土过一汉画像石，其上的双龙穿璧纹（图 3）是其同类。特殊在于两条龙的尾根部为上卷的形式，时代为东汉中期左右。[2]

除却龙尾形态的差别，龙的姿态也有所区分。河南襄城出土过双龙穿璧纹，其画面（图 4）较为特殊，双龙的尾部相交穿过中央的玉璧，但穿出之后又被龙嘴衔住，而且龙的身体也比较粗壮，整体构成一个莫比乌斯环的形态，双龙皆为三足一角，龙鳞刻画细致，神态刻画逼真，时代应为东汉顺帝时期。[3]

汉画像石上这种类型的纹样还有龙首相背离的，河南新野出土的双龙穿璧纹画像石（图 5）就是如此。画面中，两条龙的龙尾相互交叉并一起穿过玉璧，龙首位于整个玉璧的两侧，相互背离，龙首张嘴吐舌并且龙须微卷，两条龙的尾部穿过玉璧后与龙颈相交，画面的左侧是一个骑着神兽的羽人，右侧是一头牛和一只熊，动态夸张，形象鲜明，时代处在东汉的中末期。[4]

在汉画像石上，此类型的纹样还有龙首相背离的种类。出土于河南新野的一块画像石（图 6）便是龙首相背离的。画面中双龙相交穿过中央玉璧，玉璧上有刻画的圆形图案，龙体伸向两侧，龙尾穿出玉璧后卷曲上翘。龙的形象是三足双角，龙首张嘴吐舌，并作后仰姿态，分别望向两侧。

双龙穿单璧型的纹样因其可呈现内容较多，细节丰富，因此，纹样常常能够铺满整个画面，作为画面的主题纹样出现。从画面的形式美学角度分析，此时的画面灵动飘逸，样式丰富，有的双龙形态昂首挺胸，气宇轩昂，形象饱满；有的双龙形态灵动矫健，生动潇洒，画面动感较强，有流动感。

1　张广东，苏辉，陈军锋，段志强.河南禹州市新峰墓地 M10、M16 发掘简报 [J].考古，2010（9）：33.
2　魏仁华，刘玉生.河南方城东关汉画像石墓 [J].文物，1980（3）：70.
3　贾峨，赵世网.河南襄城茨沟汉画像石墓 [J].考古学报，1964（1）：125.
4　吕品，周到.河南新野新出土的汉代画像砖 [J].考古，1965（1）：19.

图 1　江苏徐州汉画像石

图 2　河南禹州新峰墓地 M16 石门楣纹饰拓本

图 3　河南方城东关汉画像石墓左下门楣画像石

图 4　河南襄城茨沟汉画像石墓墓门门楣石画像拓片

图 5　河南襄城茨沟汉画像石墓墓门门楣石画像拓片

图 6　河南新野汉画像石

2. 双龙穿多璧型

双龙穿多璧型，这种类型的纹样的画面感比较强，相交方式较为复杂，主要为两次及两次以上的相交，龙体相交的位置存在于玉璧中。双龙穿多璧的类型是双龙穿璧纹中最典型的，在中国河南省的中南部和安徽省的北部以及江苏省的西北部均有所分布。双龙穿多璧类型的纹样以横向构图为主，龙首多数相对，龙尾有时会被龙首衔住，形成左右完全对称的布局。画面中的玉璧横向陈列，龙身反复穿过玉璧，形成明确的节奏感和韵律感。出土于江苏徐州的双龙穿璧纹（图 7）是这个类型的典型，画面采用横向构图，双龙多次相交缠绕，反复穿过三块玉璧，龙首相对，五官清新，龙首衔住龙尾，左右对称。

双龙穿璧纹样所呈现的方式有很多种，山东微山县黄山村出土的双龙穿璧纹（图 8），两条龙的身体十分修长，在画面中上部反复相交，再穿过三块玉璧。龙体比例匀称，交叉于画面中部，交叉部分较其他双龙穿璧纹更为紧密，在画面的中下部有两条相互交叉的小龙，这块画像石的所处年代为东汉的中晚期 [1]。

江苏徐州曾经出土过一块东汉灵帝时期的画像石 [2]，其上的双龙穿璧纹为纵向构图（图 9）。双龙的龙首处在整个画面的上方，其龙首互相对望，龙口大张，刻画有清晰的鳞片，龙身匀称修长，相交在两个玉璧当中。两条龙的后腿比较粗壮，其中一只撑住了地面，另一只上扬抬起，龙尾相对较细，并且互相缠绕。

1　杨建东.山东微山县近年出土的汉画像石 [J].考古，2006（2）：37.
2　程欣人、陈恒树.江苏十里铺汉画像石墓 [J].考古，1966（2）：70.

图 7 　江苏徐州汉画像石

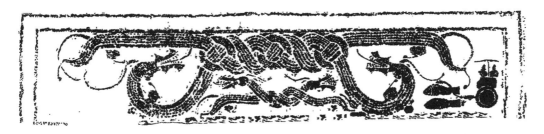

图 8 　山东微山县黄山村画像石墓前室楣石正面画像拓本

　　河南永城保安山出土的东汉早期的双龙穿璧纹（图 10）比较特殊[1]，为两组纹样搭配出现。在其墓室门楣上有两组不同样式的双龙穿璧纹，两侧的纹样均为横向构图。区别在于龙首和龙尾的姿态不同，左侧的双龙龙尾上扬，被龙首咬住，右侧的双龙龙口大张，龙尾下垂。

　　汉画像石的双龙穿多璧纹样，玉璧的数量多为三个，如江苏徐州出土的双龙穿三璧纹（图 12），双龙龙体相交缠绕于三块玉璧之中。还有如安徽淮北出土的双龙穿七璧纹（图 11），双龙紧凑，龙体相交，反复穿过七块玉璧。

　　3. 双龙环单璧型

　　双龙环单璧型的相交模式比较简单，都是一次相交。双龙相交环住一璧。双龙环一璧的类型是环璧式纹样中数量较多的，主要分布在山东中南部和陕西中部。这种类型的穿璧纹主体形式为双龙相对，龙体环住一块玉璧，然后在玉璧之外，两条龙尾自然相交。陕西咸阳 36 号墓出土的双龙环璧纹（图 13）即为双龙环

图 9 　江苏十里铺汉画像石墓中室西支柱正面画像

1 　高全举，徐海鹏，陈钦元，李勇，刘辉，李俊山，余振 . 河南永城保安山汉画像石墓 [J]. 文物，2008（7）：82.

图 10 河南永城保安山汉画像石墓门楣、门扉、门柱画像石拓片

图 11 安徽淮北汉画像石双龙穿七璧纹

图 12 江苏徐州汉画像石双龙穿三璧纹

图 13 陕西咸阳市空心砖汉墓 M36 空心砖正面拓本

单壁型。画面为横向构图，双龙由中心伸向画面两侧，龙首再绕回画面中间。画面制作精致，线条纤细而繁杂。双龙者中间饰一璧。龙尾展开，龙身有双鳍，龙首、龙鳍和四肢及尾部装饰圆点图案。龙尾相交上翘，环绕玉璧，玉璧上方有条形的凸起。龙首相对，双角四足，龙口大张，睁眼吐舌，神态清晰夸张，其年代为汉宣帝后期至汉元帝初期[1]。

陕西咸阳36号墓出土的另三幅画像石（图14、图15、图16）比较特殊，龙体并未相交，同样包围中心的玉璧。其中两块（图14、图15）画面中的双龙尾巴位于画面中部，龙首伸向两侧，龙尾展开，共同包围中心的圆形玉璧。双龙的龙首相对，张嘴吐舌，皆为四足双鳍，在双鳍和玉璧上都饰有点状图案。龙身刻画鳞片，龙尾展开向两侧伸展。时间为汉宣帝后期至汉元帝初期。[2]

图 14　陕西咸阳市空心砖汉墓 M36 空心砖下侧拓本

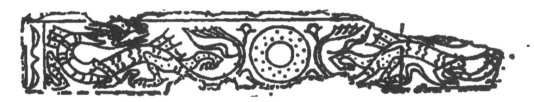

图 15　陕西咸阳市空心砖汉墓 M36 空心砖侧面拓本

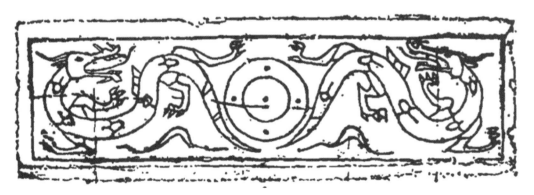

图 16　陕西咸阳市空心砖汉墓 M36 空心砖背面拓本

1　孙德润 . 咸阳市空心砖汉墓清理简报 [J]. 考古，1982（3）：231.
2　孙德润 . 咸阳市空心砖汉墓清理简报 [J]. 考古，1982（3）：231.

图 17 山东泰安大汶口汉画像石墓东耳室
后壁图案

图 18 陕西咸阳市空心砖汉墓 M36 空心砖顶端纹饰拓本

陕西咸阳市空心砖汉墓 M36 空心砖（图 16）上的画面纹饰简单，线条较粗，为横向构图。画面中的双龙由中心伸向两侧，龙尾并未相交，而是消失于画面的中间位置。龙首相对，张嘴吐舌，双龙皆为四足一角，龙体饰有条形和圆形图案。龙尾和龙足共同环绕画面中心的玉璧，玉璧内部饰有对称的四个点状图案和一直线，周围饰云纹。时间为汉宣帝后期至汉元帝初期。[1]

按照构图样式区分，出土于山东泰安大汶口的双龙环璧图案（图 17）属于纵向构图。这块画像石位于墓室东耳室后壁的南侧框内，画面中双龙龙首皆位于上方，采用立式构图，龙首相对，张嘴吐舌。双龙的尾部相交，由龙体环绕一块玉璧。双龙的颈部和尾部卷曲，龙尾部卷曲后相交在一起，时代为东汉早期。[2]

陕西咸阳出土的一块画像石（图 18）也采用纵向构图。画面中的双龙由画面下方伸向画面上方，屈身相对，龙体相交于画面中心，画面中心为一圆形空缺，龙身上饰有点状图案，龙首相对，龙口大张，双龙皆为四足一角，时代为汉宣帝后期至汉元帝初期。[3]

（二）抽象的双龙穿璧纹

抽象的双龙穿璧纹是双龙穿璧纹另一重要类型。这个类型的穿璧纹同具象的相比，其玉璧变成一个简素的圆环，双龙也统一简化为相交的直线。构图有横向和纵向两种，都可以作二方连续排列。除形式本身的变化外，其使用方式也发生根本性变化，由原先的主题纹样退居为边饰。根据元素组合的不同进行区分，抽象的双龙穿璧纹可分为纹样组合式和单独纹样式。

1 孙德润.咸阳市空心砖汉墓清理简报 [J].考古，1982（3）：231.
2 程继林.秦安县大汶口发现一座汉画像石墓 [J].文物，1982（6）：49.
3 孙德润.咸阳市空心砖汉墓清理简报 [J].考古，1982（3）：233.

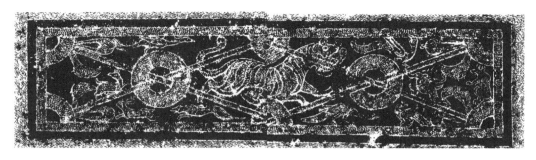

图 19　山东曲阜市韩家铺村出土汉画像石

图 20　山东平阴出土（公元前 206—公元 8 年）汉画像石

1. 纹样组合式

纹样组合式的抽象双龙穿璧纹，其画面组成元素为抽象的双龙穿璧纹和其他纹样。动物组合式的穿璧纹将双龙穿璧纹连接成面，再于其下插入动物形象。纹样组合式的抽象双龙穿璧纹会和各种动物组合出现，山东曲阜市韩家铺村出土的画像石（图 19）上就是多种纹样组合的类型。画面采用横向构图，由左至右表现了两组抽象的双龙穿璧纹，双龙简化为交叉的直线，玉璧的形态较为清晰。画面中心有一只老虎昂首向右前行，并被穿璧纹遮挡。白虎周围还有各类动物，包括禽鸟、熊等，时代为东汉。[1]

纹样组合式的抽象双龙穿璧纹还在山东平阴的西汉画像石（图 20）上有所出现。这个画面一分为二，右面平均分布着简化的穿璧纹，后面又添加了一只游动的龙，身体蜿蜒，龙首外露，时间为西汉。[2]

河南永城保安山出土的画像石（图 21）上也可见动物组合式的抽象双龙穿璧纹。画面中间部位为两条宽带状直线，交叉穿过圆环，圆环及宽带直线上均饰细致的鳞纹，是典型的抽象双龙穿璧纹。画面的下方刻有平行直线，四角露出环的局部，互相对称。圆环的上方有一凤鸟图案，凤鸟的尾巴飘逸上扬，时代为东汉早期。[3]

1　金维诺.中国美术全集·画像石画像砖二 [M].合肥：黄山书社，2010：248-249.
2　王媛."青锁"及"青锁窗"的建筑史解析——从汉画像石纹饰说起 [J].同济大学学报（社会科学版），2016（6）：91.
3　高全举，徐海鹏，陈钦元，李勇，刘辉，李俊山，余振.河南永城保安山汉画像石墓 [J].文物，2008（7）：82.

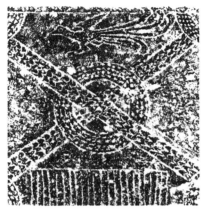

图 21 河南永城保安山汉画像石墓左室
后壁画像石拓片

图 22 陕西绥德县延家岔村出土的墓门画像石

　　抽象的双龙穿璧纹还会和动物纹以外的纹样进行组合，陕西绥德县延家岔村出土的一块墓门的画像石（图 22）上表现了抽象穿璧纹同云纹组合出现的画面。这是一组墓门画像，雨门柱中部为抽象的双龙穿璧纹，由交叉的条带和圆环组成。在穿璧纹的空白部位填满了卷云纹，二者组合出现，填满了中部的装饰区。门柱内侧有勾连云纹搭配出现，时代为东汉。[1]

　　2. 单独纹样式

　　单独纹样式的穿璧纹是指仅以抽象的双龙穿璧纹装饰所在区域的纹样类型，根据使用方式不同，这种纹样类型可以大致分为边缘条带式和中部块面式。山东平阴县出土的画像石（图 23）上有边缘条带式的类型。画面的左侧、上缘和右侧边框内装饰抽象的双龙穿璧纹，由圆形和直线组成。框内画面分为上下两层，上层上方为车骑出行场面，下部为胡汉战争场面；下层有楼阁、人物、动物和渔猎场面，时代为东汉。[2]

　　四川长宁县古河镇出土的一块画像石（图 24）上有作块面装饰的抽象穿璧纹。在横向构图的画面上，画面的中心是两个羽人，二人间有灵芝，在中栏的两侧装饰抽象双龙穿璧纹，呈块面状装饰格局，时代为东汉。[3] 在山西吕梁出土的画像石（图 25）上，画面中心为抽象的双龙穿璧纹，下方装饰两匹马，四周装饰勾连云纹，时代为东汉[4]。

1 金维诺. 中国美术全集·画像石画像砖二 [M]. 合肥：黄山书社，2010：326–327.
2 金维诺. 中国美术全集·画像石画像砖二 [M]. 合肥：黄山书社，2010：298–299.
3 金维诺. 中国美术全集·画像石画像砖二 [M]. 合肥：黄山书社，2010：426–427.
4 金维诺. 中国美术全集·画像石画像砖二 [M]. 合肥：黄山书社，2010：351.

图 23　山西平阴县实验中学出土的战争、楼阁、狩猎画像石

图 24　四川长宁县出土的仙人、穿璧画像石

图 25　山西吕梁市出土的
动物画像石

　　单独纹样式的抽象双龙穿璧纹，常作为边饰同其他题材组合出现，如几何纹和动物纹。江苏铜山县班井村出土的东汉画像石（图 26）上有此类的典型。画面分上下二层。上层右侧有两只鸟，一只鸟以爪捉鱼，另一只鸟口中衔一鱼，画面的中部有一只老虎，长有翅膀，老虎张嘴作奔跑状。画面的左侧有两只鹿，也作奔跑状。画面的下层为单独纹样式的抽象双龙穿璧纹，铺满画面，在上下两层之间及边饰均装饰着带状三角纹，时代为东汉灵帝时期。[1]

　　在河南永城保安山的汉画像石墓中，两后室中间隔墙前端的一块立柱上刻有同类型的纹样（图 27）。画面的正面雕刻菱形直线穿环，边框为凸弦纹。边框之外装饰波浪纹，交叉直线和圆环上均刻鳞纹，时代为东汉早期。[2]

1　梁勇，孟强 . 江苏铜山县班井村东汉墓 [J]. 考古，1997(5):43.
2　高全举，徐海鹏，陈钦元，李勇，刘辉，李俊山，余振 . 河南永城保安山汉画像石墓 [J]. 文物，2008(7):82.

图 26　江苏铜山县班井村东汉墓前、后室间隔梁画像（第五石）拓本

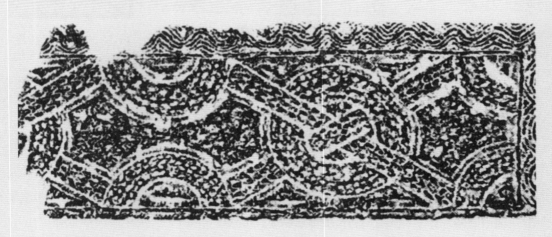

图 27　河南永城保安山汉画像石墓隔墙立柱画像石拓片

四、文化内涵

（一）祈求升天

首先是祈求升天。王充《论衡·论死篇》中"人死精神升天，骸骨归土，故谓之鬼。"[1]表达了人死升天的可能。因此，汉人祈祷升天的意愿十分强烈。

升天需要"天门"和"升天的脚力"。双龙穿璧纹由龙和玉璧组成。对于璧的解释，《后汉书·天文志》有一种"日月若合璧"的说法，认为玉璧是日月同构的象征，是阴阳合体的代表。而在汉代有葬玉的传统，死者为阴，用这一方式是希望能够达到阴阳调和和神灵沟通的目的，沟通的目的便是升天。"天门"是入口，就是玉璧。玉璧外圆内有孔，其形态似天，且为祭天的礼器，还有马王堆1号汉墓的T形帛画，玉璧位于天堂和人间中间，以此象征天门。

"升天的脚力"是升天的力量和媒介，升天的脚力有龙跷、虎跷、鹿跷。《白话抱朴子内篇》载有"若能乘跷者，右以周流天下，不拘山河。凡乘跷，道有三法：'一曰龙跷，二曰虎跷，三曰鹿卢跷。'"[2]三跷就是龙、虎、鹿这三种动物不同的脚力，其中以龙的脚力为尊。龙为神物，是中华民族的图腾，可以给人间带来祥瑞和幸福。龙在中国被誉为祥瑞，御龙可以上天入地，并能驱魔辟邪，以此保证顺利升天。

（二）祈求重生

双龙穿璧纹中，绝大多数的双龙穿璧纹始终以奇数璧的数量呈现，例如三和七等。《周易》[3]的宇宙观认为，天数采奇数，为一、三、五、七、九，地数采偶数，为二、四、六、八、十，奇数属阳则为天，偶数为阴则为地，由此发展出阴阳的奇偶之数[4]。奇数代表着天，寓意"动"，一、三、五、七以不同的侧重点，对生命有了简单的体现。双龙穿璧纹中大量出现的奇数玉璧，也表达了对生命循环往复的期盼，以及生命再生的渴望。

双龙的相交形式象征着生衍，孕育万物，而其玉璧是用来进行天地沟通的介质，是阴阳同构的产物。圆形代表着周而复始，因此，双龙穿璧也体现着生命的不断延续，而在墓室里出现这一纹样，也有着相应的意义叠加，除了阴阳调和、生生不息、沟通天地，还代表着生命的不断更新换代，由此祈祷完成生命的再生。[5]

1　王充.论衡·论死篇[M].长沙：岳麓书社，1991：321.

2　葛洪.白话抱朴子内篇[M].西安：三秦出版社，1998：377.

3　周易·系辞："天一，地二；天三，地四；天五，地六；天七，地八；天九，地十。"（金永.周易·系辞[M].重庆：重庆出版社，2015：64.）

4　类经附·类经图翼类经附翼：运气类·类经二十三卷："天为阳，地为阴；日为阳，月为阴。"（张介宾.类经附·类经图翼类经附翼：运气类·类经二十三卷[M].北京：中国中医药出版社，1997：361.）

5　孙狄.汉画像石双龙穿璧图形的象征意义[J].美术教育研究，2012（1）：32-33.

（三）祈求辟邪

在抽象的双龙穿璧纹中，动物组合式的抽象双龙穿璧纹是以单元复制的方式进行二方或者四方的连续构图，其间穿插龙、虎形象。王充在《论衡》中说"宅中主神有十二焉，青龙白虎列十二位，龙虎猛神，天之正鬼也。"这表明了龙虎具有护卫住宅的作用，而在抽象双龙穿璧纹中出现的龙虎便是此含义，揭示了穿璧纹的含义之一正是辟邪。

五、结论

双龙穿璧纹在汉代大量出现并发展出诸多形式，这一现象并非偶然。针对这一现象，需要结合当时社会时代背景、整体的画面构成进行分析。通过对双龙穿璧纹的名称渊源、构图样式和文化内涵进行研究，本文揭示了汉代双龙穿璧纹在汉代墓葬使用的目的是祈求死者升天和重生，驱邪避害。在汉代浪漫、积极向上的文化氛围中，汉人通过双龙穿璧纹极尽可能地表达对驱邪避害的需求以及对升天重生的渴望。就双龙穿璧纹而言，从审美角度看，双龙穿璧纹充满想象，极富神话气息，大大丰富了汉画像石的装饰艺术体系；从文化内涵看，双龙穿璧纹内涵独特，兼具时代特点，寄托了汉人追求升天重生的美好夙愿。

汉代画像石日月纹样

滕汶玲

摘要： 日月纹样在汉代画像石天象类图像占比很大，常与三足鸟、蟾蜍、女娲、嫦娥等组合产生的神话故事一同出现。本文以汉代画像石中的日月纹样为研究对象，对其纹样中的传说故事，日月组合样式进行分析。试图理清汉代人的宇宙观与神鬼思想观。

关键词： 汉代画像石；日月纹样；墓葬文化；《山海经》；古代神话

一、绪论

　　日月纹样属于汉代画像石天象类图案中的一种，在其整个天象图中占很大比例。古人早就熟知日月乃至宇宙星河的运行规律，但受科学发展的限制，无法解释这些复杂的自然现象，便通过想象创造出了围绕日月而展开的玄幻的天上世界。直至汉代，由于统治阶级深信阴阳五行、神鬼思想，日月的形象以及与之相关的神话故事得以进一步升华。在汉代画像石中其常与三足鸟、蟾蜍、玉兔等组合出现，这些物象也是日月的象征。因日月而产生的神话故事，如十日传说、伏羲、女娲、嫦娥奔月、后羿射日等也淋漓尽致地展现在汉代画像石中。

二、基本概念

　　古代的中华民族是以农耕为主，在这样的条件下，生产力水平较为低下，人们极为依赖自然的馈赠，对天空和大自然怀有崇高的敬意。浩瀚宇宙，璀璨星河，日月更替，风雨雷电，这些千变万化的自然现象令古人十分疑惑，他们坚信地震、干旱、洪灾等自然灾害是上天对于人类的惩戒。日月作为人们能够直接肉眼观测的最为明显的星体，古人会根据这两者的状态来进行活动，正如《尚书·尧典》中所载："乃命羲和，钦若昊天历象一日月星辰，敬授民时。"此书还记载着羲和部落"寅宾出日""寅饯纳日"。[1] 古人认为是上天创造了人世间，日、月给予人们光明，人类必须对它们毕恭毕敬，否则就会受到惩罚。

1　孔子.尚书[M].上海：吉林文史出版社，2016：3.

司马迁在《史记·天官书》中记载了古人观测到的天象，如彗星、流星等，并且书中表明他们在那时就将天空划分出各个区域，列出了具体的星组。在东汉和帝时期，曹达发明黄道铜仪，后又有张衡发明水运铜浑天仪，可见汉代人的天文学水平已经较成熟。在那时全民信仰神仙的社会意识形态下，这些有关天象的图案得到了大力的发展，也向后人展示了汉代人的天文知识和宇宙观。汉代画像石中关于日月形象的图案以及神话故事，更是直接地展现着汉代人对于奇幻的自然世界的解读。

　　汉代画像石存在以及发展的这个区间二百余年，分布广泛，在山东、江苏、陕北以及川渝地区皆有较为集中的分布。目前，全国范围内发现汉画像石的总数已超过一万块[1]，其中包含天象图案的画像石总计 290 幅[2]。有关日月纹样的画像石在巴蜀、河南、山东等地区多见，其中又当属河南南阳地区最为著名，因为南阳地区高度发展的经济，优越的自然地理环境以及科学技术水平支撑了其天象类图案的发展。

　　在内容上，学者吴曾德将汉代画像石天象图大致分为太阳、月亮、二十八星宿以及其他星座四个大类[3]。日月纹样是其中极为重要的一部分，两者常与具体的星宿以及祥禽瑞兽进行组合，如三足鸟、蟾蜍、玉兔等。这些神兽也有着象征性的含义，汉代人将这些日月星辰带进自己的墓室，展现他们对升仙、不死的渴望。古人对于日月的运作规律自然是不知其缘由，正是如此，才有了"后羿射日""伏羲、女娲""嫦娥奔月"这些脍炙人口的神话故事。日月为古人的宇宙认知的中心，其常组合出现在汉代画像石中，如"日月同辉""日月同璧"等，有时会和群星、神仙、四灵等组合，展现着汉代人系统的宇宙观念。从空间方位上来看，这类象征着天上世界的纹样自然是常出现在墓室建筑的顶部的，代表着死后的天空。

　　在两汉发展的四百年间的汉墓里，都能发现天象图的记录。日月自原始社会起，便在人们的心中有着神圣的地位，到汉武帝时期，开始崇拜神仙思想，阴阳五行思想盛行，统治阶级追求长生不老。这时各种神话故事层出不穷，日月便常常与神话、瑞兽组合出现在汉代画像石，用以昭示吉祥，西汉中期到西汉末期便是其集中发展的时期[4]。其实在佛教传入中原之前，天在古人的心中是一种十分恐怖的形象，平民从未有过死后升仙的想法，人们敬畏天也信仰天，屈原《楚辞·招魂》载："魂兮归来！君无上天些。虎豹九关，啄害下人些。一夫九首，拔木九千些。豺狼从目，往来侁侁些。悬人以嬉，投之深渊些。致命于帝，然后得瞑些。归来！往恐危身些。"[5]这是汉代以前古人对于天空的想象。直至两汉，随着儒家的统治地位逐渐牢固，

1　信立祥. 汉代画像石综合研究 [M]. 北京：文物出版社，2000：13.
2　曹阳. 汉画天象图研究 [D]. 西安：陕西师范大学，2019：67.
3　吴曾德，周到. 南阳汉画像石中的神话与天文 [J]，郑州大学学报，1978：79-88.
4　曹阳. 汉画天象图研究 [D]，西安：陕西师范大学，2019：39.
5　［宋］洪兴祖. 楚辞辅注 [M]. 北京：中华书局，1983：201.

人们对天的敬畏之心越发根深蒂固。《淮南子·天文训》载："四时者，天之吏也；日月者，天之使也；星辰者，天之期也。"[1]《晋书·天文志》也说道："凡游气蔽天，日月失色，皆是风雨之候也。沈阴，日月俱无光，昼夜不见日，夜不见星，有云障之，两敌相当，阴相图议也。日蒙蒙无光，士卒内乱。"[2]

　　古代天文学家认为天有自己的意志，天发怒，人便会受到洪灾、地震、瘟疫等灾害的惩罚，上天喜悦，便会给予农民丰收，人在上天面前是被动的，日月是上天派往人间的使者。东汉中期以前的祠堂中，汉代人常用天象图来展现他们对于天上世界的想象，画像石的天象图案便是多出现于这个时期，但这个时期的天象图并没有展现出很多恐怖、诡秘的氛围，整体较为客观地记录各个星座、形象以及日月，并且时而与祥禽瑞兽进行组合，表达对于上天的尊敬之情，以及对于墓主逝后生活的美好祝福。

三、日月纹样

（一）日的传说

　　汉代画像石中，金乌直接象征着太阳，也可以称其为阳乌，金乌与太阳的组合在日月纹样中极为常见，其常与具体的星座、神仙、幻日、云气等物象一并出现。人眼直接观测太阳，便会看到其表面有许多黑乎乎的影子，古人将这些黑子想象成乌鸦，在《事类赋注》卷十九中《元命苞》提道："流火为乌，阳精，在日中，从天以昭也"[3]，在这里乌象征着太阳，他们认为乌是集太阳精气为一身的鸟，人们将金乌比喻为太阳的化身。汉代天文学家张衡有言："日者，阳精之宗；月者，阴精之宗"[4]，古人观察到太阳中的黑影，但受科技发展的限制，并不明白其中缘由，便将这种黑影想象成一种神鸟——阳乌，于是在汉代画像石中便有了阳乌载日、日中金乌的纹样组合。

1. 阳乌载日

　　古人给太阳取了许多称谓，"阳乌"便是其中之一，该类图案主要集中出现于河南南阳地区。其实物如河南南阳王寨出土的阳乌载日图（图1），图中刻一神鸟载着一轮圆日，呈飞翔状态。古人将其身体想象成太阳，如该鸟的腹部，于是太阳便有羽翼、尾巴，还有了头。阳乌载日图常与月中蟾蜍图一同出现，组成日月同辉图，或是与云气、星宿图进行组合，表达幻日景象。

1　［汉］刘安.淮南鸿烈集解·卷三[M].北京：中华书局，2013：85.
2　［唐］房玄龄.晋书·卷十二[M].北京：中华书局，1974：330.
3　［宋］吴淑.事类赋注·卷十九[M].北京：中华书局，1989：393.
4　［唐］房玄龄.晋书·卷十一[M].北京：中华书局，1974：288.

图1　阳乌载日（局部）（河南南阳王寨出土，选自《汉画故事》）

2. 日中金乌

《淮南子·精神训》中记载"日中有踆乌"，即"踆犹蹲也，谓三足乌"[1]。金乌也就是阳乌，这类纹样较少单独出现，而是常与月亮、伏羲、女娲、具体星座、瑞兽等物象组合。汉代画像石日中金乌图案中的神鸟有两种不同的形态，即静与动。阳乌有三足也有二足，三足较为多见，二足是其原型，三足是被人们神化后赋予其的特点或是古代对于属阳的男性的生殖器崇拜，或是为了与阴性之物蟾蜍相容，三又为阳数，便有了第三足。[2]

其实物如河南南阳唐河针织厂出土的一幅汉代画像石。此阳乌有三足，它神情安宁，目光平视前方，端庄地站立着，表达出一种庄严的情绪（图2）。从造型特征上来看，汉代人对于其羽翼有着细致的描绘，能够清晰地看到一簇簇的羽毛，并且在形式上也很规则严谨。除去不真实的第三足外，其面部特征及羽翼形态都与真实的鸟类无异，虽然其仅存于汉代人的想象中，但形象较为写实。

相较三足乌，二足乌少见。山东枣庄山亭区西集镇出土的一幅线刻画像石（图3）中刻有二足乌，其身形十分幼态，头大身小，羽翼纤细。其下方刻有一狗，身形矫健。

陕西榆林神木大保当镇出土的一幅汉代画像石（图4）。阳乌展翅翱翔，张嘴嗷叫，四周祥云围绕，整幅画面充满张力，气势磅礴。此图的表现手法十分洒脱，对于其羽翼的肌理表现得十分简洁。

3. 十日传说

《论衡·说日篇》载："天安得十日？然所谓十日者，殆更自有他物。光质如日之，十日似日非实日也。"[3]万千世界变幻莫测，"幻日"自然也是古人无法解释的一个现象，其实

1　郭世谦.山海经考释[M].天津：古籍出版社，2011：554.
2　张钰.南阳汉画像石中阳乌与蟾蜍形象的共生关系研究[D].武汉：华中师范大学，2017：17-18.
3　［汉］王充.论衡校释[M].北京：中华书局，1990：510.

图2　河南南阳唐河针织厂出土（选自吴曾德《汉代画像石》）　　图3　河南南阳唐河针织厂出土（选自吴曾德《汉代画像石》）　　图4　日中金乌（局部）（陕西榆林神木大保当镇出土，选自《中国画像石全集5》）

图5　幻日（河南南阳宛城区英庄墓出土，选自《中国汉代画像石全集》）

际上是一种大气中的光学现象，在冬日多见，在云层很薄的时候，会有许多六角形柱状的冰晶体，当它们恰好整齐地排列在一起时，太阳照射在这些冰晶上，便产生了光折射现象，也就是日晕。日晕环绕太阳四周，形状浑圆，光芒四射，古人认为那多余的几个太阳出来了。十日也是中国古代"十旬"计日，天干的来源，《左传·昭公五年》中曰："日之数有十位，亦当十位。"[1]天干也象征着阴阳中的阳。

　　其实物如河南南阳宛城区出土的一幅汉代画像石（图5），整体线条蜿蜒流畅，构图饱满，具有强烈的韵律感。画面左上方有一只体形硕大的阳乌，周围云气缠绕，仙气飘飘，其载日而飞，生动形象。阳乌代表太阳，且此图中无月，故此图表示的是白昼而非黑夜，则画面中的八个大小略有差异的圆形是八个假日。但在古代这般奇景并非祥瑞之兆，《晋书·天文志》载："数日具出，若斗，天下兵起，大战。日斗，下有拔城。"[2]古人认为这是灾难的象征，十日挂天，

1　［春秋］左丘明.左传[M].上海：上海古籍出版社，2016.

2　［唐］房玄龄.晋书·卷十二[M].北京：中华书局，1974：330.

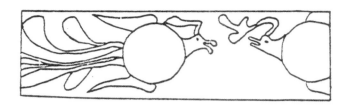

图6 一日方至，一日方出（摹本选自吴曾德《汉代画像石》）

晒死了庄稼与草木，使得百姓们颗粒无收，人间变成了不食之地，故才有后羿射九日拯救百姓的英雄传说。汉代人之所以将这诡秘的幻日图带入自己墓室，是因为他们觉得得道升仙的人以露水为食，以九日代烛照明，《后汉书·仲长统传》载："沆瀣当餐，九阳代烛。"[1]

《山海经·大荒南经》曰："一日方至，一日方出，言交会相待也。皆载与乌，中有三足乌。"[2]太阳每日东升西落，古人认为天上共有十个太阳，一个下班了，另一个就会来接替，以此循环照耀着大地。在汉代画像石也有对十日换班的记载，出土自河南南阳的一幅汉代画像石，两只载日的阳乌相向而飞，一只奔向日落的方向，一只又从太阳升起的方向飞来，气势宏伟，动态感强烈。两只阳乌正在换班，它们面对面，嘴微张，似乎在交流着什么（图6）。可以说这种纹样其实是古人对于太阳的运行动态的一种想象。

从整体的形制特征上来看，此图中的阳乌十分抽象，与日中金乌图中同为飞翔状态的阳乌相比，尾部更长。多数情况下的阳乌的尾部为一个由粗到细的扇形，或是有一个占主体的尾部，两边有细小的毛羽分支，但此阳乌的尾部被分成几个不均匀的分支往外散开，苍劲有力。更为独特的是其头部有冠，其形态怪异，与现实中鸟的冠的形态相差甚远，并且多数汉代画像石中的阳乌是无冠的。

4. 后羿射日

古人相信十日的传说，每天只有一个太阳会出现在上空中。传说在尧帝时期，有一天十个太阳一同出现在上空，百姓极为焦虑，气候炎热，庄稼草木皆被晒死，河水干涸，森林因为温度高且干燥，燃烧了起来，森林中的怪兽猛禽们也冲了出来，伤害四周的居民。帝王便请来后羿，射掉九日，正是这个传说使得古人相信这个世界从此只有一个太阳。

后羿在历史上是真实存在的，但其射九日的故事则是被人们所神化。《括地志》载有"羿年五岁，父母与之入山。其母处之大树下，待蝉鸣，还，欲取之。群蝉俱鸣，遂捐去。羿为山间所养，年二十，能习弓矢。仰叹曰：'我将射远方，矢至吾门止。'因捍即射，矢摩地截

1　魏仁华.南阳汉画像石中的幻日图像试析[J].中原文物，1985：64.
2　［晋］郭璞.山海经笺疏[M].济南：齐鲁书社，2010：4978.

草，经至羿门，随矢去。"[1]之后，他成为有穷部落的首领，在帝俊时期，为民射掉九日。《山海经·海内经》中提道："帝俊赐羿彤弓素矰，以扶下国，羿是始去恤下地之百艰"。[2]到了汉代，后羿射日的传说又被赋予更多理想主义的色彩。《淮南子·本经训》中曰："尧之时，十日并出，焦禾稼，杀草木，而民无所食，猰貐、凿齿、九婴、大风、封豨、修蛇皆为民害，尧乃使羿诛凿齿于畴华之野，杀九婴于凶水之上，缴大风于青丘之泽，上射十日而下杀猰貐，断修蛇于洞庭，禽封豨于桑林。"[3]

传闻后羿擅射箭，被尧帝看中而去为民除害，也就这样踏上了射日的征途。他一下子便射掉了九个太阳，正如《楚辞·天门》中所描述的："羿仰射十日，中其九日，日中九乌皆死，堕其羽翼。"[4]当时的百姓坚信正是因为他，人间才能恢复原貌，生命才能得以延续，后羿自此成为百姓心中的救世英雄，这个神话也因其英雄主义的光彩流传至今。因其射日造福人间，功绩显赫，尧帝封其于商丘，而后娶了帝喾之女嫦娥为妻子。但少有人知，他其实是被天帝贬下人间。《山海经·海内经》中曰："帝俊赐羿彤弓素矰，以扶下国，羿是始去恤地下之百艰。"[5]十日乃伏羲日神的儿子，自然也是帝俊的儿子，后羿灭了天帝九个儿子，天帝一怒，将后羿与其妻子一同降至凡间，而后便有了嫦娥偷取"长生不老"丹药升仙奔月的故事。

汉代画像石中，必然少不了对这一精妙绝伦的神话故事的描绘。《山海经·海外经》曰："汤谷上有扶桑，十日所浴，在黑齿北。居水中，有大木，九日居下枝，一日居上枝。"[6]这些被后羿射下的阳乌，最终化为沃焦，《庄子秋水》成玄英疏引《山海经》中也云："羿射九日，落为沃焦。"[7]图7为河南郑州出土的一幅后羿射日图，图中的神树便是扶桑树，扶桑树上停着的神鸟便是阳乌，左下方的后羿仰着头，拉紧了手中的弓箭，朝向上方的一只阳乌。树间只有4只神鸟，看来后羿已经射掉了6个太阳。

此画像石的表现手法十分简洁，是各种几何形态的组合。后羿两腿张开，仰天射箭，其上身着宽袖衣，两臂似扶桑叶的形状。其下身着长裤，似三个梯形的组合，腰部仅为一段曲线，极为概括地表达出腰部的形态。右方的扶桑树，叶子硕大，与纤细的枝干形成了强烈的对比，树叶表面的肌理也有着清晰的刻画，线与线之间充满了起承转合之势，极为流畅优美。

1 ［唐］李泰.括地志辑校[M].北京：中华书局，1980：165.
2 郭世谦.山海经考释[M].天津：古籍出版社，2011：739.
3 ［汉］刘安.淮南子集释·卷八[M].北京：中华书局，1988：574.
4 ［宋］马骕.绎史·卷九[M].北京：中华书局，2002：920.
5 ［晋］郭璞.山海经笺疏[M].济南：齐鲁书社，2010：5032.
6 ［汉］刘安.淮南鸿烈集解[M].北京：中华书局，2013：765.
7 ［清］郭庆藩.庄子集释[M].北京：中华书局，2012：561.

图 7　后羿射日（河南郑州出土空心模印砖拓片，选自《汉画故事》第 193 页）

（二）月的传说

1. 月与蟾蜍、玉兔

早在远古时代，就有蟾蜍、玉兔与月亮的传说。张衡在《灵宪》中曰："月者，阴精，积而成兽，像蛤兔焉。"[1] 古人认为月亮、玉兔是月之精华汇聚而成的神兽，便将这二者作为月亮的象征。这类纹样组合在汉代画像石中十分多见，两者常组合出现在圆月中，或是与西王母、东王公、伏羲、女娲、嫦娥等一同出现（图 8 ～图 11）。

早在上古时代，蟾蜍就作为某些氏族部族的图腾，人们期盼蟾蜍保佑氏族能够子孙繁荣，血脉长存。在史前彩陶中就有许多关于蛙的纹样，例如半坡文化时期、庙底沟文化、马家窑文化再到之后的蛙纹。鉴于古人相信万物皆有灵的思想，并且蛙乃月之精华汇聚之物，他们坚信蛙绝非凡间平常之物，久而久之蛙的形象有了象征性的意义，被人们神化，作为一些部落和氏族的图腾。关于古时对于月中蟾蜍的记载，屈原《天问》云："夜光何德，厥利惟何，死则又有？而顾菟在腹。"[2] 这里"顾菟"一词指的便是蟾蜍。闻一多《天问·释天》中"然籍谓古无称兔与顾菟者，顾菟当即蟾蜍之异名"[3] 考证了这一说法。《淮南子·说林训》中也说道："月照天下，蚀于蟾蜍。"高诱注："蟾蜍，月中蛤蟆，食月，故曰食于蟾蜍。"[4]

1　[汉] 刘安. 淮南子集释 [M]. 北京：中华书局，1998：509.

2　[战国] 屈原. 屈原集校注 [M]. 北京：中华书局，1996：293.

3　闻一多. 天问释天 [J]，清华大学学报（自然科学版），1934：887.

4　[汉] 刘安. 淮南子集释 [M]. 北京：中华书局，1998：1173.

图 8　月中蟾蜍（河南南阳出土，选自《汉画故事》）

表 1

出处	图案	形制特征
金乌、玉兔和蟾蜍（局部）陕西榆林绥德出土（选自《汉化故事》第 180 页）	图 9	圆月下方刻一蟾蜍，极为精细，连其皮肤上的肌理都清晰可见。上方刻一腾跃的玉兔，身形矫健，体态优美。
月中玉兔与东宫苍龙星座（选自吴曾德《汉代画像石》）	图 10	月与玉兔和星座的组合在汉代画像石中较为多见。画像右下方刻一身形婉转的苍龙，四周繁星密布。
日月（局部）安徽淮北出土（选自《中国画像石全集 4》）	图 11	圆月中左边刻有一正在捣药的玉兔，右边的蟾蜍体态端庄。此图的表达方式更加简洁，但对于蟾蜍表皮的肌理仍有着清晰的描绘。

古人认为的月之精华汇聚之物还有玉兔。在人们熟知的传说中，西王母在炼制"长生不老"的丹药时，有一尽职尽责的侍者，全身洁白如玉，这便是玉兔，《太平御览》第四卷中提道："月中何有，玉兔捣药。"[1]说明此神兽的职责便是为其捣药。

在汉代画像石中，其也会出现于常羲女娲手捧的圆月中，但月中有蟾蜍更为多见，其更多是出现在嫦娥奔月的神话故事中。月中的玉兔常常是在捣药。

2. 嫦娥奔月

传说嫦娥是帝喾的女儿，后羿射九日立功，便娶嫦娥为妻。然而后羿因惹怒天帝，嫦娥随其夫被贬下凡间为人。后羿早已对天上的生活毫无留恋，只想和其妻在凡间永生永世在一起，于是恳求西王母给了他令人永生的"长生不老"之神药。有一日，嫦娥听闻只要她自己把这神药全吃了便能长生不死、飞升神仙。嫦娥本就对后羿不满，正是因为他才被迫留于凡间为人，便在一个静谧的夜晚独自吞下此药，升天入月宫成为神仙，只留后羿一人在凡间独守黑夜。

关于嫦娥奔月的故事最早记载在《归藏》中。经学者考证，这是一本约成书于战国初期古易占卜书，传说其由黄帝所著，但已失传[2]。南北朝《文心雕龙·诸子》中提道："按《归藏》之经，大明迂怪，乃称弈毙十日，嫦娥奔月"。[3]此外《南北朝文举要》也载有"《周易》、《归藏》曰：'嫦娥以西王母不死之药服之，遂奔月，为月精。'"[4]但在这时，这个故事并未有一个完整的脉络，到汉代其情节得以丰满起来。汉代关于嫦娥奔月最早的记载是在《淮南子·览冥训》中，其曰："羿请不死之药于西王母，嫦娥窃以奔月，怅然有丧，无以续之。"高诱注："姮娥，羿妻。羿请不死之药于西王母，未及服之，嫦娥窃食之，得仙奔入月中，为月精也。奔月或作坒肉，药坒肉以为死畜之肉可复生也。"[5]姮娥即嫦娥，为了避讳汉文帝刘恒而改为嫦娥。汉代天文学家张衡也在《灵宪》一书中说："羿请不死之药于西王母，姮娥窃之以奔月。将往，枚筮之于有黄。有黄占之，曰'吉，翩翩归妹，独将西行。逢天晦芒，毋惊毋恐，后其大昌。'姮娥遂托身于月，是为蟾蜍。"[6]这说明嫦娥在奔入月宫之后，便化身为蛤蟆，也许这正是对她弃夫的惩罚。

描述嫦娥奔月神话故事的汉代画像石集中分布于河南南阳地区。图12为河南南阳西关出土的一幅嫦娥奔月图。画面左方刻有一圆月，月中有一蟾蜍，右方一女子人首兽身，尾巴较长呈摇摆状、头系高簪、身着长袖衣奔月飞去，这女子便是嫦娥，汉代人并未将她人格化。嫦娥四周遍布云气，还有九个大小各异的圆形，应是九颗星星。整幅图线条极为流畅，充满

1　［宋］辛弃疾. 辛弃疾词编年笺注·卷一[M]. 北京：中华书局，2018：18.

2　袁珂. 神话论文集[M]. 上海：上海古籍出版社，1982：154.

3　［南朝］刘勰. 文心雕龙释注[M]. 济南：齐鲁书局，2009：265.

4　高步瀛. 南北朝文举要[M]. 北京：中华书局，1998：89.

5　［汉］刘安. 淮南子集释[M]. 北京：中华书局，1998：501.

6　［南朝宋］范晔. 后汉书·志第十[M]. 北京：中华书局，1965：1553.

图 12　嫦娥奔月（河南南阳西关出土，选自《中国画像石全集 6》图 205）

图 13　嫦娥奔月（河南南阳出土，选自《南阳麒麟岗汉画像石墓》第 365 页）

曲线美。从形制特征来看，蟾蜍以及嫦娥的造型都十分饱满，尤其是蟾蜍，身形圆润、短小，栩栩如生。

但是汉代画像石中的嫦娥奔月图有时候也表现得较为抽象（图 13）。画像中左刻一轮圆月，月中的物象无法辨识，其右边为嫦娥，她人兽蛇身，仰面，即将奔入月中，上身较下身粗壮许多，尾巴极为纤细蜿蜒。

（三）日月组合

自远古时代起，古人就创造出许多神仙。许多神话故事流传至今。汉代人信仰鬼神，自然在汉代画像石中有许多与仙人、神话故事相关的描绘。古时候生产水平低，科技的发展还不足以解释许多复杂的自然现象，古人不知太阳为何从东边升起西边落下，月亮为何有阴晴圆缺，他们疑惑天上究竟有几个太阳，对于日月中的黑影也不知作何解释。这些想象便造就了一系列与天上世界相关的神话故事。在这些与日月相关的神仙中，最广为人知的便有伏羲、女娲和西王母。伏羲生十日，于是便有了后羿射日拯救人间的英雄传说。西王母延续生命，她发明了"长生不死"的永生丹药，于是便有了玉兔捣药、嫦娥奔月等传说。

1. 日月同辉

当太阳和月亮同时出现在天空中，两者光芒交相辉映，这便是日月同辉。傍晚时分，太阳西落，月亮升起，在太阳还未完全下山的时候，月亮便早早地升起，或是在清晨，太阳已东升，而月亮却还未落去。这种现象是由于，月亮和太阳绕地球自转的方向一致，然而两者绕地球的转动周期却不同，多见于秋季，除了正月十五，天气好时便能见到。这种自然现象也被称为朔望更替，朔是指正月初一，每逢朔日，太阳和月亮同时从东边升起，望指正月十五，正如《释名》中曰："朔，苏也，月死复恢也；弦，半月之名也，其形一旁曲，一旁直，若张弓弦也；望，月满之名也，日月遥相望者也。"[1]

《史记·天官书》中有对于此现象的描述，其曰："若烟非烟，若云非云，郁郁纷纷，萧索轮囷，是谓卿云。卿云，喜气也。"[2]这说明古人认为日月同辉是祥瑞之兆。

河南南阳曾出土画像石日月同辉图（图14）。此图布局疏朗，线条流畅有力，画像中间的云气纹连接日与月，说明此图是白昼。画像左边刻着一轮太阳，太阳中有一呈飞翔状态的阳乌，正在朝着东边飞去，画像的右方刻有一圆月，圆月中的蟾蜍也朝东方。显然，这是表现太阳已升起，月亮还未落下的景象。

河南南阳王寨曾出土一幅壮阔的日月同辉图（图15）。画像中刻有两个五连星，表明此图是黑夜。西刻阳乌载日，东刻一轮圆月，显然是天色已变，黑夜来袭，月亮已经升起而太阳却舍不得西去，若是月在东，日在西，则是表现太阳已升起，而月亮却未落下的情景。日月中间有五连星，在圆月的旁边还有一五连星。从形制特征上来看，蟾蜍以及阳乌这两种物象的表达虽十分概括，但对其造型特征的表示很清晰。阳乌的头、羽翼、尾巴皆为干练的几何形态，与一旁的圆月形成对比，线条充满曲直变化，流畅自如。

山东滕州官桥镇大康留庄出土的一幅画像石（图16），整体画面极为饱满，线条婉转流畅。下方刻一身形健硕的阳乌，腹中一轮圆日，日中刻有两只三足鸟，其上方刻有一圆月，月中有蟾蜍、玉兔，还有一龙环绕在周围，其两边伴有伏羲、女娲，两神皆为人兽蛇身，身形弯曲妖娆。整个画面周围遍布云气与小星辰，还有神鸟。整张图中的各个物象排列组合十分规律又充满变化，具有左右对称的美感，可见汉代人对于画面韵味的把控能力之高超。

2. 日月同璧

《考古略》云："日月同会，道度相交，月食是日光所冲，日食是月体所掩，故日食常在朔，月食常在望也。"[3]这里的"同会"指的便是日环食，太阳和月亮重叠到一起，太阳的光芒被月亮遮住，看似太阳吞噬了月亮。早在商代就有对日食的描述，但是日食被古人认为是阴盛阳衰的不祥之兆，《诗经·小雅·十月》中记载："十月之交，朔月辛卯，日月食之，

1 ［汉］刘熙.释名疏正补[M].北京：中华书局，2008：20.
2 ［汉］司马迁.史记·卷二十七[M].北京：中华书局，1982：1339.
3 ［清］王文清.考古略·卷五[M].长沙：湖南师范大学出版社，2013：719.

图 14　日月同辉（河南南阳出土，选自《汉画故事》第 388 页）

图 15　日月同辉（河南南阳王寨出土，选自《南阳麒麟岗汉画像石墓》第 281 页）

图 16　日月同辉（山东滕州官桥镇大康留庄出土）

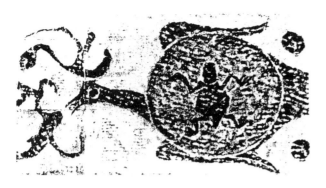

图 17　日月交食图（河南南阳先西丁凤店出土，
《汉画故事》第 185 页）

图 18　日月合璧图（山东滕县黄家岭出土，
选自《汉画故事》第 185 页）

亦孔之丑！彼月而微，此日而微，今此下民，亦孔之衰！"[1] 随着汉代天文技术的发展以及神
鬼迷信思想的流行，汉代人又对其增添了许多神话色彩，在汉代画像石中有着十分细致的刻画。
《后汉书·天文志》中记载了东汉天文学家张衡对于月食的解释："月光生于日之所照；魄
生于日之所蔽。当日则光盈，就日则光尽也。"[2] 对于这样罕见的奇观，汉代人自然未能知其
缘由，便加以想象，与金乌、蟾蜍等物象组合成神话故事。在古代，人们常谓阴阳，日便是阳，
月便是阴，由于汉代正是阴阳五行思想盛行的时候，日月同壁便被赋予阴阳交融的含义。

出土自河南南阳的一幅日月交食图，金乌载日，日月交食，阴阳交融，汇日月精气为一
体（图 17）。从图中的蟾蜍可以看出该金乌中的圆形是月亮，金乌所载的日显然已被月所遮
挡，日月重合，太阳的光辉从月亮四周放射出来。左侧刻有蜿蜒缠绕的云气，表明此图为白昼，
故该图最右侧的两个小圆形，应是两个假日。从造型特征上来看，其蟾蜍形似昆虫，表现手
法上较为抽象，线条充满曲折的变化，对于其表皮的肌理，以及眼睛等五官没有十分清晰地
描绘，仅简单表现其轮廓。相较之下，此图的金乌特征表现更加细致，尚能识其五官及羽翼
的肌理。内直外曲的线条表现方式更是加强了该图的趣味性。

山东滕县黄家岭出土的一幅日月合璧图十分独特（图 18），画面布局饱满，阳乌呈现左
右对称状。阳乌腹部的圆轮中有一玉兔，玉兔低头正在捣药，说明这圆轮正是月亮。太阳俨
然已被圆月给挡住，但未遮挡住阳乌宏伟磅礴的气势，有趣的是阳乌有两个头，两头相对，
并且嘴各叼着一条鱼。阳乌左方有几对相连的圆形，为星星。在阳乌的右方，有人正在奏乐，
还有车轮，这显然是表现汉代人的舞乐场景，人物生动形象，栩栩如生。从形制特征来看，
此图中对于阳乌的两翼及尾巴的羽毛组织排列有着精致的描写，对于车轮以及乐器的构造也

1　［宋］朱熹．诗集传 [M]．北京：中华书局，2017：205.
2　［南朝宋］范晔．后汉书 [M]．北京：中华书局，1965：3216.

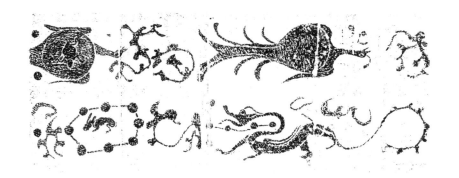

表现得十分细致，能够感受到汉代人对于墓室建造的用心至极。此外，此图中汉代人将阳乌的形象展现得如此之大，而世俗生活却只占据了小小的一边，能够直观地感受到汉代人对于天空的敬畏之情。

日月合璧图更多是与具体的星宿一起出现。图19为河南南阳出土的汉代画像石。各物象间饰有变化多端的云气纹，下方的一组形象为苍龙星座，苍龙身形妖娆，右边为毕宿，中间有一玉兔，右上方刻有一阳乌，左边则是表现日月合璧。

3. 伏羲、女娲

伏羲和女娲分别指的是羲和与常羲，羲和是日神，女娲是常羲，也就是月神。这类纹样是汉画像石天象图中十分常见的一种，在巴蜀、山东、河南等地区较为多见。

传说羲和是上古时代的一位天文官，她擅长观测天象，后来被人们渐渐神化。《山海经·大荒南经》载："羲和者，帝俊之妻，生十日。言生十子，便以日名名之，故言生十日，数十也。"[1] 其表示，羲和是帝俊的妻子，生下了十个太阳。常羲也是帝俊的妻子，《山海经·大荒西经》中曰："有女子方浴月。帝俊妻常羲，生月十有二，此始浴之。"[2]《史记》的第二十六卷中提道："黄帝使羲和占日，常羲占月。"[3] 其说明这两个神各司其职，羲和是日神，常羲是月神。古人认为十二月是宇宙运行的法则，《文子·自然》曰："十二月运行，周而复始。"[4] 古人又将二十八个星宿，划分为十二个区，即"子丑寅卯辰巳午未申酉戌亥"，十二月与数字以及十二地支相配用以纪年，天干为阳，地支为阴，天干地支相合便代表着阴阳融汇之意。

1　［晋］郭璞. 山海经笺疏 [M]. 济南：齐鲁书社，2010：5124.

2　郭世谦. 山海经考释 [M]. 天津：天津古籍出版社，2011：670.

3　［汉］司马迁. 史记·卷二十六 [M]. 北京：中华书局，1982：1255.

4　王礼器. 文子疏义 [M]. 北京：中华书局，2009：344.

汉代画像石中对于羲和、常羲两位神的造型刻画十分相似，常通过两者手捧的圆轮中的物象来分辨。羲和捧日，日中有金乌；常羲捧月，月中有蟾蜍、玉兔。他们是半人半兽的怪物，有人类的头部以及手臂，但也有长长的弯曲的尾巴，足恰似似龙爪或无足，仅极少数图中两者为世俗人类的形象。神在古人心中自然是至高无上的，将神的形象世俗化，是现实与想象结合的体现。神的一半能化作人形，给了人们一种亲民、朴实的形象，正说明汉代人期望自己死后也能化作这般的神仙。

在汉代画像石中，伏羲时而双手举着太阳，时而怀抱着太阳，时而又单手拿着太阳，形态各异，趣味感十足（图20～图22）。

常羲多见怀中抱月、双手举月，月中或为蟾蜍，或为玉兔，或是二者的组合，有时还会有桂树（图23～图25）。其身形婉转，形态优雅，极为美妙。

表2　伏羲捧日

出处	图案	形制特征
重庆合川石室墓出土（《巴蜀汉代画像集》，图352）	 图20	伏羲双手举日，日中刻一阳乌，该阳乌展翅飞翔，象征着太阳的运动。伏羲上身短，下身长，尾部粗壮，弯曲缠绕，韵律感强烈。
伏羲擎日四川德阳中江县出土（选自《巴蜀汉代画像集》，图353）	 图21	伏羲单手执一轮圆日，日中的阳乌十分概括，无多余的细节体现。伏羲整体形象较为抽象，目光炯炯。
伏羲执矩画像山东费县垛庄镇潘家疃出土（选自《中国画像石3 山东》）	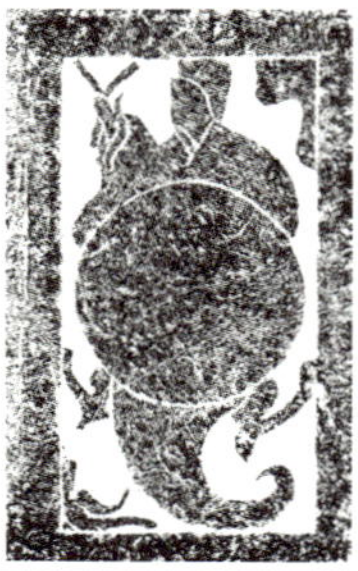 图22	伏羲人兽蛇身，有二龙足，怀抱一轮圆日，手执矩，神情端庄，目视前方，日中有一乌。

表3　常羲捧月

出处	图案	形制特征
常羲捧月图拓本 河南南阳麒麟岗出土 （选自《南阳麒麟岗汉画像 石墓》）	 图23	常羲头朝西，怀中抱月，月中有蟾蜍，尾部长且弯曲成波浪形。人物刻画细致，常羲背后带有羽翼，衣服的结构刻画细致。
常羲捧月图拓本 河南南阳麒麟岗出土 （选自《南阳麒麟岗汉画像 石墓》）	 图24	常羲双手捧月，头部微微上仰，尾部向里弯曲，整体线条圆润且流畅，人物造型更加饱满。
女娲（局部） 山东临沂市白庄出土 （选自《中国画像石全集3》）	 图25	女娲体态端庄，造型饱满，怀中抱一月，月中刻有一蟾蜍和玉兔，玉兔正在捣药，右边刻有朱雀和羽人。

　　在汉代画像石的伏羲、女娲图中，两者常呈对称状并且尾巴缠绕在一起。羲和举日，前文中提到十日与古人用以计日的天干有关，十二月又与地支联系紧密。常羲捧月，代表着地支，天干地支各一头，融会成一体，月为阴之精，日为阳之精，故也有阴阳交汇之意。由此可见，汉代的阴阳五行思想贯穿着其画像石艺术的方方面面。整体表现手法是较为平面的，而非立体的。从空间布局上看，其具有强烈的对称式美感，时而面对面，羲和常在西，常羲则常在东，时而又尾连尾，常羲在上，羲和在下。线条语言柔和流畅，充满曲线的起承转合，蜿蜒绵长之美。从人物动态语言来看，两者多双手高举日月或怀抱日月，神情或端庄，或诡异，尾部常缠绕在一起（图26～图37）。

表 4　伏羲、女娲组合图

出处	图案	形制特征
伏羲女娲 四川郫县竹瓦铺出土 （选自《中国画像石棺全集》） 图 26		羲和举日，日中有金乌，常羲举月，月中有蟾蜍，两神之间有一羽人。
伏羲女娲 山东嘉祥武氏祠后石室画像第五石局部 （选自《画像石鉴赏》） 图 27		人物造型饱满，尾部交叉缠绕在一起，有趣的是，此图的日月在两位神的怀中。
伏羲女娲 四川郫县五号石棺 （选自《中国画像石棺全集》） 图 28		两神头尾相接，各带有二足，人物线条韵律感强，呈现左右对称。画面充满了曲线美，两神头部相连，尾部互相缠绕，但此图中无足。
伏羲女娲 四川郫县竹瓦铺出土石棺画像 （选自《画像石鉴赏》） 图 29		伏羲手执规，怀中抱月轮，也可以说其腹部象征月亮。常羲执矩，怀抱月轮，也可说其腹部便是月轮。左右二人呈现出了一幅具有对称感的画面。
伏羲、女娲 富顺县邓关镇化工厂崖墓出土 （选自《中国画像石棺全集》） 图 30		伏羲手执规，怀中抱月轮，也可以说其腹部象征月亮。常羲执矩，怀抱月轮，也可说其腹部便是月轮。左右二人呈现出了一幅具有对称感的画面。
四川简阳三号石棺 四川简阳董家埂深洞村鬼头山崖墓出土 （选自《中国画像石棺全集》） 图 31		两神中间下方为一玄武，左边的神后面有一阳乌，判断其应当是日神羲和，右边便是月神常羲。此图动态感强，两位神似乎在手舞足蹈地交流着什么。
贵州金沙石棺 （选自《中国画像石棺全集》） 图 32		两位神下半身似龙，较其他图中的造型特征而言，更加粗壮，苍劲有力。两位神共同执着一物，似神杖。
四川新津廿号石棺 （选自《中国画像石棺全集》） 图 33	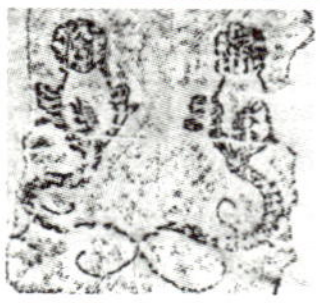	画面轻盈，两位神的身体似蛇形，十分纤细，尾部交叉，有女性的阴柔纤细之美。

四川新津二号石棺 （选自《中国画像石棺全集》） 图 34		赋予了日神和月神世俗化的形象，极为少见，生动写实，二者皆全为人身。
出土自四川内江 （选自龚廷万、龚玉、戴嘉陵《巴蜀汉代画像集》，图365，文物出版社，1998年） 图 35	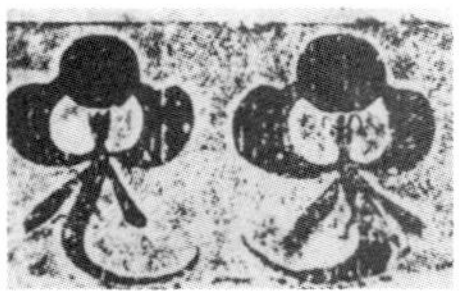	此图表现较为抽象，使用了类似剪影的表现手法。两位神双臂分别举着日月，呈现较为规则的左右对称形态，两臂宽大整体。由于其并未刻画出两个圆轮中的物象或是因年代久远而失，故尚无法辨认伏羲和常羲。
四川富顺三号石棺 富顺县邓关镇化工厂崖墓出土 （选自《中国画像石棺全集》） 图 36		伏羲、女娲两者皆为人兽蛇神，仅有一足，身形纤细，造型抽象。
河南唐河县湖阳出土 （选自《汉画故事》） 图 37		尾部相连，两神一上一下日月相对，正是应对天干地支阴阳交汇之意。

4. 羽人与日月

汉代人认为得道升仙便能长生不老，永世长存。但关于神仙世界存在究竟是何样，是否真的存在，自然是无人知晓。神仙与人是分不开的，这些仙人形象也是由现实转化而来，人们期盼着自己逝后在那生活，但是也没有人真的见过神仙，他们便将现实与想象结合，有了以人为原型的羽人。羽人也就是人们常说的仙人，《屈原集》中引《太平御览》："飞行云中，神化轻举，以为天仙，亦云飞仙。"[1] 在汉代画像石中，羽人常出现在西王母、东王公、伏羲、女娲周围，有时也会出现在交际活动中，有时也与龙等瑞兽相戏舞。羽人在神仙世界更像是陪衬众神的小角色，形象虽然渺小，但也为天上世界增添了许多趣味。

1　［战国］屈原．屈原集校注［M］.北京：中华书局，1996：697.

在此只举例说明与日月相关联的汉代画像石羽人图。与月结合的羽人图实物如四川新都出土的一幅汉代画像石（图38），图正中央刻有一羽人，羽人腹中为一轮圆轮，内有一玉兔在桂树下，说明这圆轮正是月亮。此羽人的头部系高簪，似古代女子的头部造型，能感受到古代女子的温婉之意。羽人脖子两边的细毛羽极为清晰，根根分明，月中的树的枝干也描绘得非常清楚。该图中的羽人整体造型的表现手法十分抽象，除了较为写实的头部以外，其腹部硕大，尾翼夸张，与娇小的头部相互衬托，不像日常中的鸟的那般模样，但其腹中的玉兔与树的表达都较为写实，栩栩如生，这样里外形成对比，充满趣味性。

与日结合的羽人实物如四川新都出土的一幅汉代画像石（图39），此图中的羽人和日中金乌的廓形颇有几分相似。羽人的腹中为日，日中刻有一阳乌，该阳乌的羽翼的特征与羽人极为相似，一条条羽毛组织排列整齐似梳子，疏密有致，可见此羽人是由阳乌的造型演变而来。其尾翼也如其两翼一般，一条一条羽毛组织整齐地排列着。

5. 日月星辰、众神云集

在汉代画像石中常出现大幅的日月星辰组合图，其中包含了各种星体，神仙，还有日月，可以说是在展现着汉代人对于天空宇宙的一个较为整体的认知。

黄帝在远古时代开创了华夏大地，是五帝之王，他为中华民族的开创作出了极大的贡献，在汉画像石中自然少不了对其的赞颂。实物如河南南阳麒麟岗出土的汉代画像石中的一幅黄帝日月神图（图40），此图布局繁密，黄帝坐在中央，头戴山形冠[1]，其上方有朱雀，下方为玄武，东边为青龙，西边伴白虎。这青龙、白虎、玄武、朱雀便是天之四灵。《淮南子·天文训》中便说道："东方木也，其帝太皞，其佐勾芒；南方火也，其帝炎帝，其佐朱明；中央土也，其帝黄帝，其佐后土；西方金也，其帝少昊，其佐蓐收；北方水也，其帝颛顼，其佐玄冥。执权而治东，其神为辰星，其兽玄武。"[2] 早在殷商时期，天文学家为了方便观察天象，将黄道附近的星宿分为四个区域，分别是东、西、南、北四宫，每个区域包含七个星宿，共二十八星宿，人们便将各个方位的星宿连缀并分别想象成一种动物，于是有了天之四灵分占四方。在白虎青龙两侧为月神和日神，东边的伏羲捧日，日中有金乌，西边的常羲捧月，月中有蟾蜍，在伏羲女娲旁还有南斗六星。位于此天象图中心的应是天极星，《史记天官书》中说道："中宫天极星，其一明者，太一长居也。"天极星位于天之中心，是黄帝的居所[3]。

1　王煜.南阳麒麟岗汉画像石墓天象图及相关问题［J］，四川大学学报，2014：70.
2　黄怀信.鹖冠子校注 [M].北京：中华书局，2014：215.
3　王煜.南阳麒麟岗汉画像石墓天象图及相关问题［J］，四川大学学报，2014：69.

图 38　月神（羽人图）（四川新都出土画像砖，选自《画像石鉴赏》第 383 页）

图 39　日神（羽人图）（四川新都出土，选自《画像石鉴赏》第 383 页）

图 40　黄帝日月神图（河南南阳麒麟岗汉画像石墓前室墓顶画像拓本，选自《南阳麒麟岗汉画像石墓》）

四、"天人合一"的宇宙观与神仙思想

（一）汉代人的宇宙观

中国自古以来便有"生死在天"之说，在古代封建社会，连天子也要尊敬上天容不得丝毫的不敬之举，所谓"天子"也就是天之子，是替上天治理人间的统治者。天决定一切，因此各种天象也被赋予了或吉祥或凶兆的象征之意，如《周易·系辞上》曰："天垂象，见凶吉，圣人象之"[1]。在西汉中期以后，逐渐形成了"天人感应"的思想观念，董仲舒在《春秋繁露·三代改制质文》中指出："天道各以其类动，非圣人孰能明之"[2]，他们认为世间万物是可以互相感应的。画像石中在佛教传入中土之后，由于佛教的上天普度众生的观念影响整个社会，以往人们对于天空的恐惧之情才得以改变，儒家思想虽然通过建立"天人合一"的法则拉近了人们与上天的距离[3]，也为上天以及诸神覆盖上了一层更加庄严诡秘的面纱。但在那时，只有统治阶级才能有死后羽化升仙的想法，他们花费重金打造自己的墓室，并且将这些日月星辰图带进自己的墓室作为宇宙的象征，期盼着死后能够与上天合二为一，享受极乐，继续掌控人间。当然，这些天象图案也直接地证明了汉代人的天文水平并展现了他们对于整体宇宙的观察和思考。

（二）汉代人的生死观与神仙思想

早在远古时代，对于神的信仰就在华夏文化里早已扎根甚深。现代社会的人更多的是用科学的眼光看待死亡，汉代人相信万物皆有灵，人死后灵魂尚在，变成鬼魂。而鬼魂这样的迷信之物会在人间作乱，带来不幸，厚待鬼魂，便能够造福于生者。因此汉代的厚葬文化便兴盛起来，他们不惜人力和物力，为逝者寻找下葬的风水宝地，并且建造富丽奢华的墓室建筑。汉代人敬畏鬼魂，希望通过好的风水能够保佑他们子孙繁荣、升官发财、万事顺利等。可以说对于神的信仰是古人求得生存，祈求生命延续的力量来源，神尚在，生命就可永存。画像石作为一种丧葬艺术，它并未将死亡描绘得凄惨，而是充满了对于生命的渴望，天象类图案就是绝佳的体现。在当时的社会背景下，祭祀文化应当是庄严而诡秘的，但画像石中无处不见浪漫主义的表现方式。他们不认为死亡是痛苦的，而是认为死亡是更高层次的飞跃，这是整个社会共同努力的成果。围绕着日月而产生的诸神，它们的造型或真实、或抽象，但皆无法脱离真实的汉代生活，人间化的神仙形象是那时统治阶级意志的体现。汉代是中国历史上第一个长期统一的封建王朝，在百姓眼中的统治阶级始终是残暴专制的，他们就像天上的诸

1　[汉]郑玄注.周礼注疏·卷二十六 [M].北京：北京大学出版社，1999：700-702.
2　[汉]董仲舒.春秋繁露·卷七 [M].上海：上海书店，2012：148.
3　信立祥.汉代画像石综合研究 [M].北京：文物出版社，2000：61-62.

神一样，呼风唤雨，或惩罚或造福百姓，百姓对他们只能绝对服从，汉代人对于日月和整个宇宙的敬畏也是如此。但是，日月遥不可及，天上世界仅存于想象中，既是想象，汉代人便大胆赋予了天上世界更加自由和快活的意义，神仙没有痛苦，享受极乐，也反映着古人对于真实生活痛苦的控诉。

五、结语

经过两千多年的时代更替，汉代画像石所展现的天上世界仍令后人无比惊叹，是两汉时期这个文化艺术大力发展的伟大时代成就了如此精彩绝伦的画像石艺术。汉代人将死亡的意义升华，将自然与人文融合，向后人呈现出一幅幅璀璨的日月星河图。从古至今，人们对于宇宙的探索从未停止，现代科技尽管能够从理性的角度向我们解释这个万千变幻的世界，但汉代画像石中呈现的极其感性的宇宙世界也令人动容。

汉画像石"树马"纹样研究

钱皙妮

摘要： 汉画像石"树马"纹是以树与马为组合的图像，以树纹为核心图形，辅助马纹等构成的图像形式。通过对汉画像石"树马"纹图录纹样与文献古籍的研究，明确了"树马"纹的纹样种类、形式特征和图像意义。研究结果表明："树马"纹样一般有树下喂马、树下立马、树下停车立马、树下立马射鸟、树下停车立马射鸟等主题；一部分"树马"纹中的树与马关系紧密，树形象富于变化，更具写实特点，另一部分"树马"纹中的树与马关系疏离，树形象有较强的一致性与装饰性；"树马"纹除了具有作为图像叙事的一部分的叙述功能，还承载做官升官、宗族繁荣生命旺盛、个体之于宗族的联结等象征意义。

关键词： "树马"纹；汉画像石；象征意义

树纹频繁出现于汉画像之中，树形象有时单独构图，但更多的是与其他的艺术形象组合而构成不同的构图形式，在这里笔者将以树纹为核心图形、辅助马纹等构成的图像形式称为"树马"纹。"树马"纹中对元素以及构图的选取并非只出于图像叙事目的，还表达了关于仕途与宗族的象征意义，而这些都可以在汉代的现实生活与思想文化中找到依据。

一、"树马"纹样基本概念

汉画像石"树马"纹是以树与马为组合的图像，以树纹为核心图形，辅助马纹等构成的图像形式。

（一）树纹

中华民族受农耕文化的影响，在古代普遍存在神树崇拜信仰，在古籍与神话中关于神树的记载比比皆是。《玄中记》载："蓬莱之东，岱岳之间，有扶桑之树，树高万丈。"[1] "天

---

1 鲁迅，校录.古小说钩沉·玄中记 [M].济南：齐鲁书社，1997：236.

下之高者，有扶桑无枝木焉。上至于天，盘蜿而下曲，通三泉。"[1] 扶桑树之高，上可通天界仙境下，能至逝者葬处可见其非凡。《列仙传》载："好食松实，能飞行，速如走马。以松子遗尧，尧不能服。松者，横也，时受服者，皆至三百岁。"[2] 食用松子竟让人飞行且寿达三百岁，足见松树神奇。古人对树神性的承认还体现在认为松柏可以辟邪，《周礼》载："方相氏驱罔象，罔象好食亡者肝，而畏虎与柏。幕上树柏，路口致石虎，为此也。"[3] 从这样的记载中，可以看到古人对树木的崇拜。

汉画像石、画像砖中有大量树形纹样存在，扶桑树、松柏树尤为常见。汉文化被具有浓郁神巫色彩的楚文化影响，且树纹往往刻画于墓地、祠堂、棺椁，可见树纹不仅是生活图景的重现，也带有丰富而深刻的内涵。虽不同地域的汉画像石树纹表现形态不同，但树纹大都被寄予人们追求永生、升仙、子嗣众多、宗族繁盛等世俗愿望。汉画像石中的树纹或为单独构图，或为画面装饰，但多数情况是以树纹为核心，辅助其他纹样造型组合成不同的构图形式：树旁有楼阙、树间有飞鸟和猴、树下有射鸟人、树下停车、树下拴马等。

（二）马纹

在人类文明发展进程中，尤其是进入农业文明时期后，人们将马驯养成了家畜。不论农耕、交通、运输还是战争，马都起了很大的作用。西汉时期为了解决人力耕作问题，统治者下令禁止宰杀牛马，《盐铁论·未通篇》载："农夫以马耕载。"[4] 汉景帝时重视良马培育，士民竞相养马，《史记·平准书》载："天子为伐胡，盛养马，马之来食长安者数万匹，卒牵掌者关中不足，乃调旁郡。"[5] 可见当时养马盛况。西汉中后期国力强盛，与西汉立国时"自天子不能具钧驷，而将相或乘牛马"[6] 的情况不同，到了汉武帝时甚至出现了"众庶街巷有马，阡陌之间成群"[7] 的景象。

据记载可见，马备受汉人重视且在人们社会生活中十分常见，且在汉画像石中刻画马的形象也较多。在汉代，车、马除了实用功能也被视为权力、地位和财富的象征，常常成为高官富豪炫耀的手段，因此，汉画像石中的马纹往往被象征性地表达做官、家族富贵繁荣等愿望。马纹题材丰富，马与人组合有牵马、骑马主题，马与车组合有乘车出行主题，马与建筑组合有"上人马食太仓"主题，马与树组合有树下立马主题。

1　鲁迅，校录.古小说钩沉·玄中记[M].济南：齐鲁书社，1997：235.
2　[唐]徐坚.初学记·木部·松第十三（叙事）[M].北京：京华出版社，2000：482.
3　[唐]段成式.酉阳杂俎（卷十三）[M].济南：齐鲁书社，2007：84.
4　[汉]恒宽.盐铁论·未通[M].台北：世界书局，民国51：16.
5　[汉]司马迁.史记·平准书[M].北京：中华书局，2002：1208.
6　[汉]司马迁.史记·平准书[M].北京：中华书局，2002：1203.
7　[汉]司马迁.史记·平准书[M].北京：中华书局，2002：1205.

（三）树与马的组合

"树马"纹中的树与马往往具有拴系关系，这种拴系关系在马和拴马柱的组合中也有所呈现。自从人们驯养马为家畜开始，拴马柱就必不可少，而树木十分恰当地成为用来固定缰绳的"拴马柱"。从沂南画像石（图1）马厩场景中可以看到一匹被拴系在拴马柱旁的马正在吃马筅内的草料。比较"树马"纹（图2、图3）和沂南画像石可推测树在当时常被作为拴马柱。除此之外，唐代王维诗句"系马高楼垂柳边"、宋代戴表元诗句"野树有枝犹系马"也反映树下系马或者树下立马是古时常见场景。可见"树马"纹是从现实生活出发，在现实活动基础上进行了艺术变形，最终形成模式化的艺术倾向。

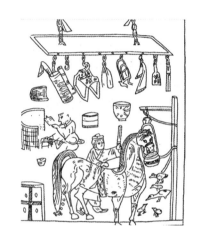

图1　山东沂南县出土画像

图2　"人物拜见、喂马"画像局部(江苏睢宁县张圩收集)

图3　"墓门左立柱"画像局部(陕西绥德县征集)

二、"树马"纹样种类

汉画像石中的"树马"纹样一般呈现如下主题：树下喂马、树下立马、树下停车立马、树下立马射鸟、树下停车立马射鸟。

（一）树下喂马

树下喂马，是指以树和马组合而成的纹样形式。其特征为：树冠枝条交错覆盖整体；树干偏于一侧，给被立在树旁的马让出位置，树与马产生互相依靠的关系；树枝上挂一笼，马正在食用笼内草料。其图像实物如江苏睢宁县张圩收集的"人物拜见、喂马"画像局部[1]（图4）和山东嘉祥县出土的"楼阙、人物、车骑出行"画像局部[2]（图5）。

（二）树下立马

树下立马，是指以树和马组合而成的纹样形式。其特征为：树冠枝条交错覆盖整体，树干偏于一侧，给被缰绳系在树旁或者立在树旁的马让出位置，树与马产生互相依靠的关系。其图像实物如陕西绥德县征集的墓门左立柱画像局部[3]（图6）、陕西绥德县四十里铺出土的墓门右立柱画像局部[4]（图7）和陕西绥德县出土的墓室西壁门左立柱画像局部[5]（图8）。

此类图像除了以上特征，还有另一种特征：树的树冠枝条交错覆盖整体；树干不偏不倚，两侧分别立有一马，两马相对皆向树干。其图像实物如山东平阴孟庄东汉画像石墓的"Z4南大面柱身"画像局部[6]（图9）和山东嘉祥县刘村洪福院出土的"风伯、造车、周公辅成王、树、马"画像局部[7]（图10）。

（三）树下停车立马

树下停车立马，是指以树、马和车组合而成的纹样形式。其特征为：树的树冠枝条交错覆盖整体；树干两侧分别系有一马与一车。其图像实物如山东嘉祥县满硐乡宋山出土的"孔

---

1 中国画像石全集编辑委员会.中国画像石全集·江苏、浙江、安徽汉画像石（4）[M].济南：山东美术出版社，郑州：河南美术出版社，2000：第136图.

2 中国画像石全集编辑委员会.中国画像石全集·山东汉画像石（2）[M].济南：山东美术出版社，郑州：河南美术出版社，2000：第120图.

3 中国画像石全集编辑委员会.中国画像石全集·陕西、山西汉画像石（5）[M].济南：山东美术出版社，郑州：河南美术出版社，2000：第131图.

4 中国画像石全集编辑委员会.中国画像石全集·陕西、山西汉画像石（5）[M].济南：山东美术出版社，郑州：河南美术出版社，2000：第175图.

5 中国画像石全集编辑委员会.中国画像石全集·陕西、山西汉画像石（5）[M].济南：山东美术出版社，郑州：河南美术出版社，2000：第78图.

6 济南市文化局文物处，平阴县博物馆.山东平阴孟庄东汉画像石墓[J].文物，2002（2）.

7 中国画像石全集编辑委员会.中国画像石全集·山东汉画像石（2）[M].济南：山东美术出版社，郑州：河南美术出版社，2000：第122图.

图 4 "人物拜见、喂马"画像局部
（江苏睢宁县张圩收集）

图 5 "楼阙、人物、车骑出行"（山东嘉祥县出土）

图 6 墓门左立柱画像局部
（陕西绥德县征集）

图 7 墓门右立柱画像局部
（陕西绥德县四十里铺出土）

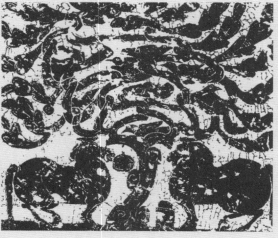

图 8 墓室西壁门左立柱画像局部
（陕西绥德县出土）

图 9 "Z4 南大面柱身"画像局部（山东平阴孟庄东汉画像石墓）

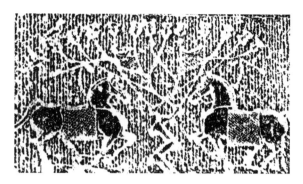

图 10　"风伯、造车、周公辅成王、树、马"画像局部
（山东嘉祥县刘村洪福院出土）

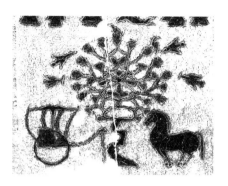

图 11　"孔子见老子、骊姬故事"画像局部
（山东嘉祥县满硐乡宋山出土）

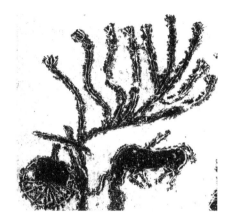

图 12　"楼阁、人物、车卒出行"画像局部
（山东嘉祥县城北五老洼出土）

图 13　"墓门左立柱"画像局部
（陕西绥德县出土）

子见老子、骊姬故事"画像局部[1]（图 11）和山东嘉祥县城北五老洼出土的"楼阁、人物、车卒出行"画像局部[2]（图 12）。

（四）树下立马射鸟

树下立马射鸟，是指以树、马、射鸟人和鸟组合而成的纹样形式。其特征为：树的树冠枝条有规律地编织覆盖大部分画面空间；树下有立马与对着树冠拉弓欲射的射鸟人；树冠上盘旋飞鸟。其图像实物如陕西绥德县出土的"墓门左立柱"画像局部[3]（图 13）、山东微山

1　中国画像石全集编辑委员会.中国画像石全集·山东汉画像石（2）[M].济南：山东美术出版社，郑州：河南美术出版社，2000：第 101 图.

2　中国画像石全集编辑委员会.中国画像石全集·山东汉画像石（2）[M].济南：山东美术出版社，郑州：河南美术出版社，2000：第 142 图.

3　中国画像石全集编辑委员会.中国画像石全集·陕西、山西汉画像石（5）[M].济南：山东美术出版社，郑州：河南美术出版社，2000：第 136 图.

县两城出土的"女黄牵马"画像[1]（图 14）和山东微山县两城出土的"兽、人物、连理树"画像局部[2]（图 15）。

（五）树下停车立马射鸟

树下停车立马射鸟，是指以树、马、车、射鸟人和鸟组合而成的纹样形式。其特征为：树的树冠枝条有规律编织覆盖大部分画面空间；树干两侧分别有一马与一车；树下或者树旁的楼阙上有拉弓欲射的射鸟人；树枝上盘旋飞鸟。其图像实物如山东嘉祥县武氏祠的前石室后壁小龛后壁画像局部[3]（图 16）、前石室后壁画像局部[4]（图 17）和山东嘉祥县宋山 2 号小祠堂的后壁画像局部[5]（图 18）。

三、"树马"纹样的形式特征

在汉画像石"树马"纹图像中，画面大致呈现出两种规律特征：第一，图像中的树与马关系紧密，树形象富于变化，更具写实特点；第二，树与马关系疏离，树形象有较强的一致性与装饰性。

（一）树马关系

"树下喂马""树下拴马"和"树下停车立马"中的树与马或有明显的拴系关系，或马与树干相对，树与马关系紧密，有存在于同一时空的场景感与叙事感。而在"树下立马射鸟""树下停车立马射鸟"中，树与马的拴系关系弱，马甚至不与树干相对，树与马各自独立相互疏离，更像只是两个纹样并置在同一画面而已。

（二）树纹造型

树纹作为"树马"纹核心图形，在"树马"纹中甚为注目。在"树下喂马""树下立马"和"树下停车立马"中，不同画面树木形象各异差别较大，且大多形态自然；但在"树下立马射鸟"和"树下停车立马射鸟"中，树木刻画在树干、树枝、树叶、配置物等方面表现出较强的一致性与装饰性。

1　马汉国 . 微山汉画像石选集 [M]. 北京：文化艺术出版社，2003：39.

2　中国画像石全集编辑委员会 . 中国画像石全集·山东汉画像石（2）[M]. 济南：山东美术出版社，郑州：河南美术出版社，2000：第 42 图 .

3　中国画像石全集编辑委员会 . 中国画像石全集·山东汉画像石（1）[M]. 济南：山东美术出版社，郑州：河南美术出版社，2000：第 66 图 .

4　中国画像石全集编辑委员会 . 中国画像石全集·山东汉画像石（1）[M]. 济南：山东美术出版社，郑州：河南美术出版社，2000：第 51 图 .

5　中国画像石全集编辑委员会 . 中国画像石全集·山东汉画像石（2）[M]. 济南：山东美术出版社，郑州：河南美术出版社，2000：第 103 图 .

图14 "女黄牵马"画像
（山东微山县两城出土）

图15 "兽、人物、连理树"画像局部
（山东微山县两城出土）

图16 武氏祠前石室后壁小龛后壁画像局部（山东嘉祥县）

图17 武氏祠前石室后壁画像局部（山东嘉祥县）

图18 宋山2号小祠堂后壁画像局部
（山东嘉祥县）

"树下拴马射鸟"中的树纹位于画像正中位置，主干粗壮弯曲，主干上部分叉出两条次主干，树枝以次主干为依托向上生长并有规律编连，形成巨大的半球形树冠，树枝顶端生出肥大的树叶，树冠上停着或盘旋着鸟，树下有背对树干的马和对着树冠拉弓欲射的射鸟人。"树下拴马射鸟"中的树纹位于画像正中位置，主干粗壮弯曲，主干上部分叉出两条次主干，并在分叉处相互编连，形成巨大的球形树冠，树枝生出密布且舒展挺拔的梭形和扇形树叶，树冠上停着或盘旋着鸟，树下有背对树干的马和车，树旁的楼阁上或树下有对着树冠拉弓欲射的射鸟人。

两种树纹形象饱满，茂密繁盛，似乎有意突显出其旺盛的生命力。我们认为这两种树纹皆为神树扶桑。刘宇在《汉画像神树形象研究》中指出这些树木形象为桑树或变形的桑树刻画，且桑树因不仅为人们提供日常生活物质资源，还在神话传说里被称为拥有奇功异效的生命之树，而在中国历史上备受重视与尊敬。在汉画像中，桑树具有生命旺盛与宗族稳固的意义。[1]

四、"树马"纹样的图像意义

汉画像如同汉代社会生活画卷，其中不少形象与场景来源于当时现实生活，但同时汉画像也是一种丧葬艺术，图像造型具有较强的象征意味。汉人借此表达对往生世界的看法与寄托来世的愿望，因此只从现实中寻求与之对应的关系不足以理解"树马"纹。

（一）图像分析

我们认为汉画像是一种叙事艺术[2]，画像中的艺术元素皆为画像叙事服务。"树马"纹也不例外，由此应当将"树马"纹放到画像的整体画面中分析。汉画像石"树马"纹主要有四种意义：第一，作为图像叙事的一部分；第二，象征做官升官；第三，象征宗族繁荣生命旺盛；第四，象征个体之于宗族的联结。

"树下喂马"和"树下停车立马"中"树马"纹独立性弱，叙事性较强，与叙述图像融为一体。"人物拜见、喂马"画像（图19）与"孔子见老子、骊姬故事"画像（图20）在叙述人物会见，"楼阙、人物、车骑出行"画像（图21）和"楼阁、人物、车卒出行"画像（图22）在叙述车骑出行与楼阁拜会。画像中的马像是来访者到达目的地后将其拴系在树旁，马或是吃挂在树枝上马筼中的草料休息或是静静立在树下等待主人。

---

1 朱存明.民俗之雅：汉画像中的民俗研究 [M].北京：生活·读书·新知三联书店，2019：22.
2 李立.汉画像的叙述——汉画像的图像叙事学研究 [M].北京：中国社会科学出版社，2016：2.

图19 "人物拜见、喂马"画像
（江苏睢宁县张圩收集）

图20 "孔子见老子、骊姬故事"画像
（山东嘉祥县满硐乡宋山出土）

图21 "楼阙、人物、车骑出行"画像
（山东嘉祥县出土）

图22 "楼阁、人物、车卒出行"画像
（山东嘉祥县城北五老洼出土）

图 23　墓门左立柱画像　　　　　　　　图 24　墓门左、右立柱画像
　（陕西绥德县征集）　　　　　　　　（陕西绥德县四十里铺出土）

　　"树下立马"中"树马"纹往往出现在墓门纵框最下端重要位置，有较强的独立性与做官升官的象征意味。麦穗状的树冠是汉代拥有官位的象征，且马也具升官、当官的暗示[1]。陕西绥德县的两幅墓门立柱画像（图 23、图 24）中的树纹树冠呈麦穗状，树与马组合则具升官等象征意味。"树马"纹除了具上述象征含义，也被视作生活图景的描绘。如陕西绥德县出土的墓室西壁门左、右立柱画像（图 25）中出现了十分生活化的图像——家禽和树下的马槽，升官等象征意味没有被强调。

　　"树下立马射鸟"和"树下停车立马射鸟"中"树马"纹独立性强，叙事性弱，有强烈的宗族繁荣生命旺盛的象征意味。山东微山县两城出土的"女黄牵马"画像（图 26）画面中刻有榜题、画框右侧刻有题记，结合题记与榜题以及画面，可以了解到牵马者是姐姐女黄，两位射鸟者是弟弟。他们原有四姐弟，但小弟夭折父母去世，为纪念父母兄弟便重金建造祠堂[2]。有学者认为这个画像的主题为"立官桂树"，树为桂树，"射鸟"与"立马"意为射取功名和升官。但据五行思想"木在东方。东方者，阴阳气始动，万物始生"[3]与"汤谷上有扶桑，十日所浴，在黑齿北"[4]可见扶桑与太阳升起在同一方位东方，且此画像左侧是东方之树

1　吴佩英 . 陕北东汉画像石研究 [D]. 上海：上海大学，2013.
2　张道一 . 画像石鉴赏：看得见的汉朝生活图志 [M]. 北京：文化艺术出版社，2019:13.
3　班固 . 白虎通（卷一）[M]. 北京：中华书局，1985：82.
4　郭郛 . 山海经注证 [M]. 北京：中国社会科学出版社，2004：653.

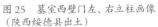

图25　墓室西壁门左、右立柱画像
（陕西绥德县出土）

图26　"女黄牵马"画像（山东微山县两城出土）

日神羲和，画像石块处于祠堂东壁，则这树应当是扶桑，在此象征宗族繁荣。此外，画面里的飞鸟旁刻着"乌生"，为能反哺的"孝乌"所生，是"孝乌"，意为孝敬父母。结合题记，射鸟者不应射下"孝乌"，若将"射鸟"解释为"射取功名"在此图中不合理。笔者赞同将此画像意图理解为姐姐女黄主持建立祠堂刻画画像，期盼弟弟被举为孝廉，做官升官告慰父母，但图像本身"射取功名"的意味并不重，更多的是对父母孝意的表达、吉祥美好愿望的寄托以及对宗族生命繁荣的祈祷。整幅画像的叙述也围绕树展开，象征宗族稳固繁荣生命旺盛。

　　山东嘉祥县武氏祠前石室后壁小龛后壁画像（图27）描绘的是有政治地位的贵族生活：画面上方是两层楼阙，二楼是宴会场景，一楼是拜谒场景；楼阙左边有一棵树，树上盘旋飞鸟，树下立有一马，停有一车与整理马具的驾驭者，楼阙上有对着树上鸟拉弓欲射的射鸟者。画面下方是马车出行图，阵势浩大。此画像出现于贵族官吏的墓室，可见这一画像表现了墓主生前显赫生活场景与往生依然渴望这种生活的愿望。蒋英炬认为这里的"树马"纹中的树是"立官桂树"，"停车立马"寓意"致仕悬车"[1]，邢义田认为"射鸟"象征"射取功名"[2]。但李立认为此图像中树的内涵应当与此画像出现之地"祠堂"、画像主题"拜谒"存在联系，因此树是"桑树"，有"宗"的象征意义，象征宗族稳固繁荣生命旺盛[3]。"射鸟"与人们手

1　蒋英炬.汉代画像"楼阁拜谒图"中大树方位与诸图像意义[J].艺术史研究，2004（6）.

2　邢义田.汉画像中的"射爵射侯图"[A].《中央研究院历史语言研究所集刊》第七十一本第一部分，2000（3）.

3　李立.汉画像的叙述——汉画像的图像叙事学研究[M].北京：中国社会科学出版社，2016：27.

图27　武氏祠前石室后壁小龛后壁画像（山东嘉祥县）

持弓矢在桑林起舞的祭祀习俗有关，其内涵并未离开"对宗族生命繁荣的祈祷"[1]。此外，对"停车立马"的解读应考虑作为核心图形的树纹：马车依附于树，这象征个体之于宗族的联结与归宿[2]。笔者认为"树马"纹是以树纹为核心图形的纹样，应当首先从树纹本身出发来分析其含义，因此赞同李立的观点。

（二）文化解读

汉画像石"树马"纹形象及其丰富的意义反映了当时热衷功名的社会环境、生命永续的生命观念与象征主义的审美意识。

汉代热衷博取功名利禄体现在两方面。其一，在汉代马被极其重视，马的使用有严格规定。《后汉书·马援传》载："马者兵甲之本，国之大用。安宁则以别尊卑之序，有变则济远近之难。"[3] 天子所乘的车称为"法驾"，架六马，贵官所乘的车为"驷马高车"，汉代官员出行、赴宴、郊游都必备马车，马、车成为汉代生活富贵、门庭显赫的象征不言而喻。其二，在古代以科举制选拔人才和任命官吏之前，汉代实行的是察举制，"举孝廉"是其主要科目之一。以孝著称的乡里者可能被察举为官，孝成为做官的准则之一，为官先为"孝子"很重要。为谋求功名，需先扬孝名，为去世的父母大办丧事、建立祠堂雕刻画像成为体现"孝"的手段之一。山东微山县两城出土的"女黄牵马"画像正是主持者为"举孝廉"意图的体现。

生命永续的生命观念与汉代统治者推行的儒家思想有密切关系。儒家认为人的生命终将结束，但个体是宗法大家族的一分子，同时个体也是祖先生命的延续，即使个体逝去，宗族

1　李立．汉画像的叙述——汉画像的图像叙事学研究 [M]．北京：中国社会科学出版社，2016：33.
2　李立．汉画像的叙述——汉画像的图像叙事学研究 [M]．北京：中国社会科学出版社，2016：41.
3　[汉] 范晔．后汉书·马援传 [M]．北京：北京时代华文书局，2014：542.

却会生生不息。儒家正是通过其宗族思想与"仁孝"观念对汉人生命观念产生影响。"仁孝"是儒家思想的核心，而儒家"孝道"的核心是子孙后代的繁衍，后代的延续在另一种意义上来说使得生命得到永续。因此以扶桑树象征宗族繁茂、马和车与树相连象征个体与宗族的联结是合理的，这些图像正是汉人渴望生命延续理想的寄托。

汉画像是一种象征型的艺术，其审美特征是象征主义的[1]。格尔兹在《文化的解释》中认为文化通过象征形式来传承观念，如此人们才可以表达关于人生的态度，保证生命的延续[2]。虽然汉画像只是一种视觉艺术，但却表现出关乎生命与宇宙的想象意识。汉人将对来世的期盼与想象通过增加象征审美的图像、装饰和符号等形式石刻在墓室中，以表达自己的世界观和生死观。做官升官、宗族繁荣、生命旺盛、个体之于宗族的联结等美好而抽象的愿望，皆被"树马"纹象征地表达出来。抽象的思想通过具象的图像代代相传，激发民族集体自我认知，以驱动其内在生命力。

五、结论

"树马"纹是汉画像石中以树纹为核心图形、辅助马纹等构成的图像，体现了汉代的生活图景以及汉人对来世的向往。"树马"纹一般呈现树下喂马、树下立马、树下停车立马、树下立马射鸟、树下停车立马射鸟等主题。一部分"树马"纹中的树与马关系紧密，树形象富于变化，更具写实特点；另一部分"树马"纹中的树与马关系疏离，树形象有较强的一致性与装饰性。"树马"纹具有作为图像叙事的一部分的叙述功能，以及承载做官升官、宗族繁荣生命旺盛、个体之于宗族的联结等象征意义。汉代热衷功名的社会环境、生命永续的生命观念与象征主义的审美意识，都在"树马"纹中有所反映。

---

1 朱存明.汉画像之美：汉画像与中国传统审美观念研究[M].北京：商务印书馆，2007：19.
2 Clifford Geertz.The Interpretation of Cultures[M].Basic Book,1977:89.

汉代画像石中的铺首纹

申巍

摘要：铺首纹最早可以追溯到商周，作为青铜祭器上的装饰，用作驱邪与神灵沟通。本文以汉代画像石中的铺首纹纹样为研究对象，对其名称内涵、起源发展变化、性质特征与组合方式等进行研究分析，探讨其背后反映的汉代社会习俗与民族文化，厘清其纹样特征背后的文化内涵与象征意义，揭示中国古代社会思想与民族精神。

关键词：铺首纹；汉代画像石；兽面纹；神仙思想

一、绪论

秦汉时期是中国石刻艺术发展的鼎盛时期，汉画像石和画像砖艺术包罗万象，拥有极其丰富的纹饰与审美内涵，是汉画艺术的杰出代表。汉画纹样数量众多、体系庞杂，但数量最多、种类最齐的铺首纹作为汉代画像石上重要的纹样之一，延续了千年之久，有着丰富的表现手法与应用案例。

铺首纹最早可以追溯到商周时期，与多数商代纹样相同，其多作为青铜祭器上的装饰构件以用于祭祀，此时形状类似"饕餮口衔圆环"，多作驱邪和与神灵沟通之用，也就是所说的"青铜兽面衔环"，因此，铺首纹也可看作是兽面纹的一种延续和演变；随着社会文明的进步与发展，铺首纹的表现形式也逐渐丰富，直至汉代，其装饰手法更丰富、特征更明确，应用范围也更广泛，逐渐演变为民间传统辟邪门饰；汉代道教盛行，由于汉人的丧葬礼俗文化与神仙思想造就了极度繁荣的墓葬画像艺术，铺首纹此时也多用于墓室、祠堂、门阙等的画像石上，并且结合各种辅助几何纹样以及四神纹等纹样一起使用，搭配呼应成为一种特别的形象符号延续下来。随着后期不断演变，铺首纹形式更加丰富，造型更生动具体，并且具有实用功能，我们至今仍能在故宫等门扉上看到椒图首的铺首衔环（椒图衔环）装饰，可见铺首衔环纹对于中华民族传统文化的意义与历史价值。

由于研究铺首纹的资料有许多，从文字释义开始，到起源、历史背景、文化习俗、地域或图案整理，内容体系也相对完整充分，但鲜有具体分析其纹样特征以及与背后的文化内涵之间的联系的内容，因此本文主要以汉代画像石中的铺首纹为研究对象，通过对铺首纹名称内涵、起源发展变化以及形制特征、组合方式的研究，窥探铺首纹背后反映的汉代社会习俗与民族文化，并对汉画像石中的铺首纹进行梳理整合，重点研究其纹样特征与其背后的文化含义。

二、铺首纹的定义

"铺首纹"，又叫作"铺首衔环纹"。"铺"字本义为衔门环的底座，是一个形声字，从金、甫声，"铺首"有时也写作"铺手"，相当于方便叫门、推门而装饰的门把手，兼具形式与设计美。

《说文广义》中这样解释"铺"："铺，宫门上金铜饰也。其制：圜如覆杯，着扉上。本训云'着门铺首'者，谓此。以其表着于门，故借为张设之义。"[1] 清代黄生《字诂》中这样定义"铺"："门户铺首，以铜为兽面衔环着于门上，所以辟不祥，示守御之义。风俗通云：'昔公输班见水中蠡引闭其户，终不可开，遂象之立于门户。'按：今门上排立而突起者，公输班所饰之蠡也。详应之说，乃是门上浮沤钉，而以之释铺首，岂应误呼浮沤钉为铺首，故云尔乎？按司马相如《长门赋》云：'挤玉户以撼金铺兮，声嘈吰而似钟音。'云金铺有声，则其为环审矣。"[2] 因此，"铺首"即含有驱邪意义的汉族传统建筑门饰，是门扉上的环形饰物，大多为兽首衔环之状，[3] 一般代表古人避邪求福的美好愿望。按照这种寄托意义可以说铺首也是一种门神画像，也是一些器物的附件。

汉代画像砖上也常与"白虎纹""朱雀纹"搭配刻画，形成朱雀铺首衔环、白虎铺首衔环、神兽铺首衔环等，也常以"二龙穿璧"纹为底衬。其一般刻画在庭院、祠堂、寺庙大门上用于辟邪，也由于丧葬反映阳间传统，因此也相对应地常用于墓葬门扉画像石上。

三、起源与发展

铺首纹最早起源于商代，目前最早发现的铺首衔环在河南安阳殷墟二期晚段出土的青铜器上。随着中国民间文化以及思想的不断变化而发展变化，可以看到各个时期由于民族崇拜、宗教信仰的不同而导致汉代纹样的转变以及铺首纹的变化，历经商周、两汉、魏晋、隋唐直到明清时期都是最重要的纹样之一。因此，铺首纹的演变和应用具有鲜明的时代特点，因而我们可以从它的演变一窥其背后的社会风貌以及不同时期的社会特点。现今发现以墓门上的

1　[明]王夫之.说文广义[M].长沙：岳麓书社，2011：154.
2　[清]黄生.字诂[M].合肥：安徽大学出版社，2009：16.
3　王良田.商丘汉画像石[M].郑州：大象出版社，2018：36.

铺首纹居多，由于汉代长生不老、羽化升仙的思想，汉代墓葬礼仪繁杂，铺首纹因而成为墓门上最为常见的纹样之一。墓门上的铺首纹保存完好，因此也颇具研究价值。

（一）起源——商周时期

饕餮纹（图1）是华夏民族的精神图腾，以有首无身、狞厉的形象代表着商代的宗教信仰与此时的政治内涵。其神秘威严的形象也颇具时代特色，是殷商人民的保护神，也达到了与神灵沟通的目的。我们可在商周出土的青铜器诸如青铜鼎或其他青铜器物中看到许多类"衔环"（图2）的形象出现，而其衔环之外的部分与饕餮纹极其相似，可以认为这就是最早的铺首衔环纹。

从意义上来分析，有首无身的饕餮纹可以说是商青铜器中最常见的纹样形式。饕餮铺首常见于青铜器器壁外部做有实用性的装饰，其"衔环"也常常是以圆雕的形式置于整个器壁外作挂耳，用于端持器物，也有仅作装饰之用的浮雕形式。《左传·文公十八年》有云："缙云氏有不才子，贪于饮食，冒于货贿，侵欲崇侈，不可盈厌，聚敛积实，不知纪极，不分孤寡，不恤穷匮，天下之民以比三凶，谓之饕餮。"[1]可见饕餮最突出的特点是狞狞的面孔以及暴食，故"嘴下衔环"这一特征从饕餮神兽这里起源是具有充分可能性的，因此，其常与衔环相搭配也是合乎情理。

从形制上来分析，商周时期饕餮这一形象大多是由"角""耳""中心的鼻子""狞狞的大圆眼""獠牙""上半张嘴巴"以及其他装饰纹样所构成，带有浓厚的神秘主义风格，多以浅浮雕线刻形式展现；通过观察同时期的所谓"兽面穿环纹样"就可发现，除"衔环"这一特点外，其构成元素依然与"饕餮纹"相同，且各项特征也均相似，相比于"饕餮纹"，其变化仅在于更加具象与丰富,细节刻画更深入等,因此,我们不难推理出此时期的"兽面穿环"是由商周同时期"饕餮纹"演变而来或是受到其很大影响。由此可见从"饕餮"演变成为"青铜兽面穿环"或是"饕餮衔环"也可以说是有理有据，有源可溯。

从宗庙祭祀与青铜礼器之用的"饕餮"到"兽面穿环""青铜兽面衔环"，我们都可看到铺首纹作为图腾对于中华民族的意义。

其演变过程中所增加的"环"——我们可以认为其是日月的象征或代表君子之物——玉璧的引申发展。从抽象的角度看，没有图案且棱角的圆环也许可以被看作是古人对日月崇拜的衍生物，但从实际发掘到的实物以及其特点来看，应该另有含义。

例如现存于河北博物院的镇馆之宝之一、中国第一大青铜宫门铺首——透雕龙凤纹铜铺首（图3、图4），是周朝时期燕国极其精美的青铜铺首，从其所衔扁平圆环可看到其上装饰有精美的双龙纹，分别环绕于圆壁两侧，颈部从上端两侧绶带纹组成的圆环中钻出，突出于环外，双首相背，弯颈俯首，神情与上端双龙相似。

1　[清]洪亮吉.春秋左传诂·卷九[M].北京：中华书局，1987：391.

图 1　饕餮纹

图 2　衔环

图 3　青铜铺首

图 4　青铜铺首

　　从此时的兽首衔环上可以看到许多"门环"与同时期玉玦、玉璧的形状一致——呈现有一定厚度的扁平圆环状，并且此时龙已经逐渐成为重要的图腾常常用于玉器之上，不难想到铺首衔环上一开始的龙纹样是和玉器同源同根的，从形制和纹样两方面可推断出此时的铺首衔环的"环"取自同样具有辟邪含义的玉玦和玉璧。不仅如此，甚至我们在陕西宝鸡益门村2号墓出土的"金铺首衔玉环"（图5）中，可以看到其直接用玉环做"衔环"部分，更能佐证"环"含义是来源于玉璧，但由于玉器易碎、物料珍稀等因素限制，才统一用青铜或石料等廉价坚固的材料，若物料丰富，又无须具备现实使用价值例如墓葬之需，则应是会使用真实的玉佩，而大多只取其象征意义选择更坚固的其他物料作为替代品。在古人眼里，饕餮玉璧两者合一仿佛能够增益辟邪的强度等级，而后铺首衔环的使用频率日益增加，更加流行，则更加证实了"衔环即玉璧"这一假设，由此推断，大概所衔之环就是玉璧的象征了。

（二）发展——秦汉魏晋

"铺首衔环"纹发展到秦汉时期已经逐渐固定下来，由于受佛教影响而兴盛的"联珠纹"已占据主流地位，汉画像中铺首纹更加璀璨夺目。因此，我们主要探讨汉"铺首衔环"纹的发展以及一些与铺首纹相关的联系。

汉代的铺首衔环已经十分流行，形式也逐渐成熟，此时期也发展出了诸多种类，例如"铺首绶带""朱雀铺首衔环"（图6）等多种形式。可以说，汉代的画像石和画像砖上的铺首纹是最光辉灿烂的时期。

我们既然已知铺首纹"衔环"是由玉璧演变而来，且龙纹也常常与绶带纹组合刻于玉璧上，我们可以分析铺首衔环此时期的基本形式："兽首"加"环状类玉璧门环"，且可以在安徽淮北、河南商丘、四川等地出土画像石中经常看到"铺首绶带"（图7～图9）的形式，即兽首，两个角放射状分别向左上角与右上角伸展，兽口中衔环，环上系带，丝带系紧后分为两条也分别向左下角与右下角伸展，与兽首的角构成"X"形状。

有甚者在安徽淮北出土的画像石中，看到四方连续形式的二龙穿璧纹中的一个版直接借用"铺首衔环"其中的环作为二龙穿璧中的"璧"，同样大小使用。我们不难想到"双龙穿璧"的圆环加"X"的形式是否是从"铺首绶带"中来，因此"二龙穿璧纹"可以看作是"铺首绶带"的一种抽象变化形式，且多作四方连续形式排列，但由于两者之间不存在太长的时间距离，因此，我们也可暂且看作是二者之间互相影响，或者说是汉人的一种"画风"。如若浏览此时期画像砖上的大多数纹样，就很容易发现"穿璧纹"与"钱纹"甚至极抽象的"菱纹""网文"（图10～图14）的元素以及构成形式之间都极其相似，几乎可以看作是铺首绶带纹的抽象形式，我们不难发现汉人仿佛在这种用于画像砖和画像石上极其常见的"X"构图形式表达某种思想含义，例如"交错""封印"之意抑或发展到后来仅作为填充纹样使用，推测其可能是与铺首纹的文化含义相似，并行使用，同样含有辟不祥与求福之意。

总之，此时期大量出现在画像砖画像石中的铺首纹确立了铺首在中国纹样史中的地位，使其成为一种常用的、固定含义的纹样，沿袭至后面各个时期，形式与应用场景也在此时期确立，后期不论如何演变，其形制与应用总不脱离汉代铺首的形式。可以说，汉代铺首纹如此大量的应用既推动了铺首的演变、发展与完善，又确定了铺首的固定形式与其内涵。后说中国铺首纹，也多研究汉代画像石、画像砖中的铺首，因为它数量众多、种类齐全、史料丰富、艺术成就最辉煌。

（三）变化——唐宋时期

实际上，在汉代以前，铺首被称为"金铺""铜铺"等，直至唐代才出现"铺首"和"衔环"两个文字上的概念，可见唐宋时期也对铺首十分重视，沿袭和继承了汉代对于铺首应用广泛的传统，唐宋时期也巩固和发展了铺首纹。

图 5　金铺首衔玉环

图 6　朱雀铺首衔环

图 7　铺首绶带

图 8　铺首绶带

图 9　铺首绶带

图 10　具体纹样

图 11　具体纹样

图 12　具体纹样

图 13　具体纹样

图 14 具体纹样

图 15 具体纹样

佛教自西汉末年传入中国，就不断发展壮大，魏晋南北朝至唐代发展愈盛。受到佛教和西亚、中亚等外来文化影响，通过丝绸之路传入的萨珊波斯织锦中的"联珠纹"逐渐被使用并兼收并蓄成为颇具中国特色的纹样。联珠纹在唐锦中数量最多，与此同时，在此时期出土的画像石与画像砖中常出现铺首衔环与联珠纹的组合，铺首纹基本形式没有变化，但在外围加了一圈联珠纹作为陪衬纹样（图 15）。

这件著名的唐大明宫铺首通体鎏金（图 16），圆形片状，从中可以看到兽面形象已然十分具象化，相较"饕餮"左右上方卷曲的角已更加生动，但仍旧沿袭饕餮的固有形式——"怒目圆睁、血盆大口"，但从鼻子、胡须、舌头、牙齿等形象已十分写实具象的形式来看，此时的铺首衔环相较于秦汉魏晋已然是更成熟了，并且我们可看出"兽面"向"狮首"的形象变化（甚至像是兽面与狮面的结合），唐大明宫铺首似乎已经有些狮面的形象，这大概也是佛教传入的缘故。中国自古以来都没有狮子这一动物。狮子是从魏晋、唐朝的丝绸之路随佛教一起传入中国的一种形象，从西亚到中原而来的狮子的形象在佛教中也占据着重要地位（例如文殊菩萨的坐骑即是狮子），并且已有逐渐发展成"神兽椒图"的趋势。如若更加仔细观察它的外形，其上左右两个"角"从硬朗的直线卷曲形式转变为曲线弯曲的形式，仿佛从野兽的"角"演变为了神兽的"须"，而"须"下方还叠加着由小圆珠连成的联珠纹，如果将其与清宫门上的铺首衔环对比来看，我们不难想到其与清代的"椒图衔环"中椒图头周围的一圈卷毛是有联系的，也许唐宋时期的这一点变化可以看作是从唐联珠铺首演化而来，后人将其当作是神兽的鬃毛沿袭了下来。

总的来说，唐宋是在继承秦汉魏晋的基础上又产生了中西交流、兼收并蓄的新变化，也影响了后世铺首衔环的发展。

图 16　铺首衔环　　　　　　　　　　　　　　　图 17　铺首衔环

（四）延续——明清时期

　　明清时期铺首衔环已进入十分成熟的阶段，大体上是唐宋铺首纹的继承与延续。铺首纹定型成现在可以看到较普遍的"椒图衔环"（图17）。此时的"铺首衔环"的实用性已经确定：敲打圆环，产生声音告知有人来访，也可通过这种方式询问主人在否以及开门闭门之用，已不再是单纯的装饰纹样了。

　　在古代人们丰富的传说中，有经典的"龙生九子，各有所好"的神话故事，即真龙所生的九个儿子，其中每个儿子的形象分别是不同动物和中国龙的结合，例如有龙与牛、龟、虎等。由于是民间传说，因此说法不一，但在其中一种流传的版本中，椒图即龙的第九子，生性好闭、身形像螺蚌、龙头龙尾。《后汉书·礼仪志》中这样描述神兽椒图："殷人水德，慎其闭塞，使如螺也，故以螺著门户。则椒图之似螺形，信矣。"[1]但就它在铺首衔环中的形象来看，面目与狮子的形象极其相似，确立为龙狮嘴里衔圆环的形象。由于从上文唐大明宫铺首中我们可以窥见前朝的铺首形象大多貌似已有狮首的意味，这就解释了为何描绘椒图正面的大致样貌类似于具象的龙狮首形象。龙是中华民族的传统图腾形象，是由几种动物的特征相组合而成的，而狮子是佛教常见的动物形象，但由于中国没有狮子，其形象也只存在于佛教纹样与中国古代的工匠想象中，因此面目较为狰狞，性情也比较凶恶的狮子，更适合于守门的动物形象。

1　[宋]范晔，[唐]李贤，等注.后汉书·至第五·礼仪中[M].北京：中华书局，2005：1865.

至于为什么将"铺首"最终确定成神兽"椒图"，其实可以想见。随着时代发展，"人性"的意义也逐渐被人们所认识，铺首衔环越来越多用于实际生活中，具有更实用性的价值，墓葬用品逐渐替换成了他物，丧葬已不再是铺首的"主场"。充当"门环"叩门守门已然成为明清时期"铺首衔环"最重要的使命。而"椒图衔环"的含义是取自"椒图"最反感别人进入他的巢穴这一特点，取其可以紧闭之意，以求安全。纹样的发展变化始终跟随着人们的心理需求和实际生活需要而变化，也就不难理解人们将前人的"联珠兽面"理解并巧妙转化成为看门神兽"椒图"这一延续方式了。

明清时期基本奠定中国有"门"就会出现铺首衔环的特点，铺首已十分常见，且极具实用意义，成为参与人们生活的实用纹样。

四、形制特征

"铺首纹"一般就是指"铺首衔环纹"，但造型重点在"铺首"。相比于具有实用性、形式特征更加简洁规则的"圆环"，"铺首"的造型变化更丰富，种类更多样，意义更特殊，也更具研究价值。

汉画像石中的铺首纹主要在河南南阳、商丘、方城、唐河、新密等地、山东部分地区、陕西、山西以及安徽淮北、江苏等南方地区都有大量发现，地域广阔，北起内蒙古，南至广东；西至甘肃青海，东至山东的大片地区均有出土。中国周边地区，朝鲜半岛和日本岛仅有少量发现，北面的西伯利亚地区、西面的中亚地区、西南面的南亚地区更是难以见到此类遗存。由此看来，铺首衔环纹也是具有浓厚中国特色与地域特色的纹样，对其纹样形态的分析具有重要意义。

（一）铺首纹造型特点

在神仙思想、羽化飞升、长生不老的道教文化弥漫的汉代，铺首衔环纹得以最终确定大概形态以及其代表含义，且其在汉代画像石与画像砖中出现最多，数量很庞大，造型最丰富，种类最多样，因此，笔者将铺首衔环整体造型特点以汉代为代表进行概述。

铺首纹形态严谨规矩，一般成左右对称两个成对出现，单独拆分单个铺首衔环的形态一般为兽首（初期为饕餮后期逐渐演变为椒图，也有其他神兽形制等）为主体口中衔一圆环（初期不少是无口"衔环"），兽首与所衔环状形制分别占二分之一左右面积比例，虽然根据具体实物情况略有不同，但大体上均为一分为二视觉效果。其中，兽首是塑造的重点，巨大的双眼常常以怒目圆睁的形式出现，力求一种狞厉恐怖的感觉，用于守门辟邪。铺首衔环纹中的圆环往往不带纹样，采用极简单的装饰，或直接留白，瑞兽若有口，玉璧形圆环则常常被衔在口中，也有作为神兽的鼻环的，但毕竟圆环的实用意义大过其装饰意义，因此更多的线刻等装饰只被用于兽面上。其中还有不少组合纹样，例如：朱雀铺首、白虎铺首、双虎铺首、铺首双鱼、铺首绶带、铺首神鸟、铺首神人、铺首猴鱼、女娲铺首等。其中以朱雀铺首衔环数量最多，河南地区也有不少白虎铺首衔环纹的出现，汉代以河南、山东、陕西、江苏等地区出土画像石画像砖中的铺首纹最为精彩。

汉画像砖画像石形制较大、铺首衔环往往是汉画中的主要纹样，其造型对称、神态威严规矩、兼具抽象性和具象性。其典型的造型特征总结归纳即是"神兽口衔圆环"，这是铺首衔环的必要形态特征，兽首与圆环缺一不可，在此基础之上再进行其他元素的组合添加，结合成不同特色的铺首纹。

1. 兽面特点

铺首衔环的兽面可以看作完全是从饕餮演化而来：狰狞的面目，仍是以鼻子为中线，左右两侧呈对称状，眼睛巨大，炯炯有神，怒目而视，上方左右各有弯角或耳朵，其间总有类山形或柿蒂形的三角凸起，可以认为是神兽的鬃毛，也可以看作其与双角构成"三山冠"（图18）。在汉画像石与画像砖中，仙人、伏羲女娲、东王公（图19）也会佩戴极其类似的"三山冠"，如东王公头上佩戴山形冠一般被认为是三山冠，既然与仙人佩戴之物极其相似，可以认为这样的造型有十分特殊的神仙含义，或代表着非同一般的辟邪内涵。[1]铺首衔环若有口，则巨口獠牙，口衔圆环，有些则没有口，似拴鼻环状。往往刻画精细，以阴线刻画细部，与极简的圆环产生鲜明对比。整体给人以凌厉之美，工匠们精细刻画兽面，为的是使其在墓门外起到辟邪、防止邪魔鬼怪入侵墓主人之意。因此，其整体严谨规矩，威严凶猛，为的是对妖魔鬼怪产生足够的威慑力。为了增加这种威慑，工匠们选择性地添加各种元素，以增强铺首在人们心中的意义与作用。

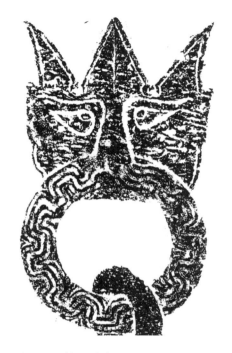

图 18　铺首衔环的兽面

图 19　东王公佩戴的三山冠

1　朱存明.雕文刻画 [M].北京：三联书店出版社，2019：85.

兽面种类很多，从开始的饕餮到后来的椒图，无一不具备震慑的特征，但由于人们的生产生活与发展，逐渐接触许多其他生物种类，或作为图腾象征，或取其蕴含的美好寓意，铺首纹中的兽首也开始多样起来。根据角的内外翻卷或耳造型的不同，我们也可大致判断其有许多是模仿羊（图20）、牛（图21）、狮子等动物形象。从抽象到具象，经历过各种兽面铺首的时期，再经过不断演变，最后用神兽椒图，总之，铺首里兽首的形象生动、刻画细致，所代表的意义重大，是铺首最重要、最不可或缺的一部分。

2. 圆环特征

圆环部分即铺首衔环所衔圆环，形式较为简单，形状十分单纯，其所蕴含的实用意义要远远大于其装饰意义。圆环部分体积所占比例常见为整个铺首衔环纹饰的二分之一，大多以光滑的圆柱绕成一圈组成（图22），也有部分是扁片状玉璧形（图23），一般为无纹饰装饰的圆柱形无棱角圆圈，也有少部分是浮雕纹饰或线刻纹样。后来为了使用更加方便，便大多发展为采取光滑无棱角圆柱形，并且即使是在宫廷中，也鲜有额外装饰纹样的形式，不知是古人有意为之与否，这恰好使其与装饰繁复的兽面形成鲜明的对照，颇具一种富有强烈对比的形式美感。但铺首纹发展到后期，随着人们对实用意义的重视，铺首衔环的圆环部分逐渐成为主体，有甚者民间一些老百姓的大门上，仅以方形铁片或其他形状的固定物作为铺首的替代品，仅作固定圆环之用，只留下圆环用以叩门做拉环用（图24）。虽然此时铺首纹已成为极其抽象的实用品，不能再被称作"铺首衔环纹"，但通过这个变化形式也足见圆环部分于铺首衔环纹的实用价值与其存在于铺首衔环中的必要意义。

（二）纹样组合形式

就目前已知发现的纹样来看，汉代应是种类最多品类最丰富，综合纹样最齐全的年代。铺首纹与其他汉画像石经典纹样的组合构成形式十分多样，它们大多包含古人对美好生活的理想寄托，被赋予辟邪求福的文化价值与内涵，具有中国传统民族精神与现实意义，对组合纹样的分析也有助于我们加深对铺首衔环纹的理解。不论是现实生活还是墓葬礼俗，铺首衔环的组合纹样都代表了那时人们对美好生活的祈盼与祝愿。

1. 主组合纹样

与铺首衔环纹主要组合成新铺首纹的大多是与主要纹样朱雀纹、白虎纹、青龙纹、牛羊纹、熊纹、武士纹以及双鱼纹等主纹样组合成"朱雀铺首衔环纹"（图25）、"白虎铺首衔环纹"等，一般有在铺首纹上或下两种形式，也有在圆环内的，也见组合形式，即上下均有，但大多是位于铺首衔环之上，仿佛拎起铺首或脚踏兽首一般。

比如朱雀纹就常常见于铺首衔环上部，造型往往华美灵动，呈左右镜像对称状，多以阴线刻画的方式进行细部的刻画，朱雀丰满的羽翼，卷曲华丽的尾巴十分和谐纤巧，符合汉代审美特点之下加之鸟类灵动的形态,此种动感与下方的规矩严谨的铺首衔环又形成鲜明对比。白虎、青龙等四神兽以及牛羊纹等大多均采用此种组合方式,也有位于其下搭配成组合纹样的。

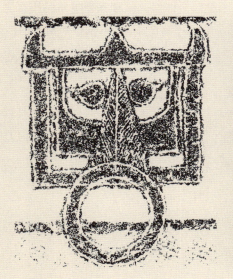

图 20　兽面　　　　　　　　图 21　兽面　　　　　　　　图 22　铺首衔环

图 23　铺首衔环　　　　　　图 24　铺首衔环　　　　　　图 25　朱雀铺首衔环纹

位于铺首下面的常见的是鱼纹与其相组合，在中国鱼纹从古至今一直是吉祥和美的象征，早期是由于生殖崇拜，后期多为其与年年有余中的"余"谐音。因此，即使鱼不属于十二生肖里的传统动物，也不是什么神兽，但却深受中华民族喜爱，且其种类十分多样，例如随着朱雀一同朝向的单鱼铺首衔环纹（另一侧成镜像对称）（图26）、双鱼铺首衔环纹（图27）、对鱼铺首衔环纹（图28）以及在环中的鱼肚相贴成镜像对称的对鱼铺首衔环纹（图29）。

总之，与铺首纹相搭配组合使用的主纹样元素实在是数不胜数，不胜枚举，且装饰形式多样，变化多端。这就赋予了铺首纹更加多变灵活的形态特征以及更丰富多元的文化意义与内涵，也就使得铺首纹的传播更加广泛，使用更加频繁，意义更加非凡。

2.底部、底衬等辅助组合纹样

除了与单独可做主纹样的纹饰相组合外，铺首纹还常与几何纹、绶带纹等底纹或边饰等次要纹样相搭配组合。例如常见的铺首绶带纹（图30），多为以系或缠绕的方式置于圆环下端，两条绶带往往相交，形成类"X"形，绶带所寄托的仍是人们美好的寓意。与几何纹作搭配的往往是网纹、二龙穿璧纹、钱币纹等（图31），虽然看似这几种纹样之间毫无联系，但笔者翻阅大量图像资料来看，认为其均为绶带"X"交叉形式的衍生纹样形式。因此也就不难解释这种菱形样式的几何纹为何与铺首纹搭配频繁，常常见到类似但又有所区别的纹样组合形式了。例如网纹中往往以圆环做连接，甚至不做底层而是直接与铺首纹相接的也有见到，可见这种"X"形使用频率还是很高的，尤其是在汉墓画像砖画像石中。

古人尝试在普通的铺首中不断寻求变化，这不仅增加了铺首衔环的形式变化种类，也赋予了其更深层次、更多元的文化内涵。

五、文化内涵

在汉代神仙思想文化风气的盛行之下，诞生了许多以神仙思想为主导的文化，深刻影响了汉代纹样，例如著名的云气纹，气韵生动，连绵不断犹如行云流水一般。由于道教、文化的盛行，各式各样的寺庙、宗祠也层出不穷，人们相信来世今生，祭祀也成为汉代丧葬习俗的重要礼俗文化，这就很好地解释了汉画像石与画像砖在汉代墓葬中的大量使用。但汉代追求生动气韵的纹样特征，而到了铺首纹这里却变得与众不同，铺首纹规矩严谨、威严神秘，而非灵动轻盈，这是由于铺首并不是美好寄托的产物，它的寓意稍显不同，是为了规避驱逐邪恶鬼怪。因此也就不难理解作为"门神"般存在的铺首纹所具有的严谨威严的形制特征了，是其文化内涵影响了外在形式。

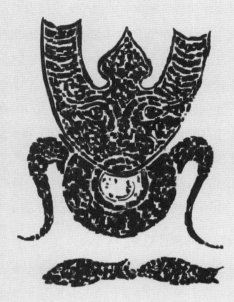

图 26　单鱼铺首衔环纹　　　图 27　双鱼铺首衔环纹　　　图 28　对鱼铺首衔环纹

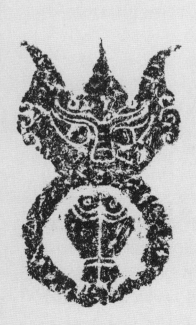

图 29　对鱼铺首衔环纹　　　图 30　铺首绶带纹　　　图 31　钱币纹

（一）辟邪求福——铺首纹的象征意义

铺首纹寓意是驱除邪恶，保护主人。因此受到广大人民的喜爱，不论是在门户大门上、墓门门饰、瓶罐器物还是寺庙宗祠都很常见，几乎家家户户门上都有铺首衔环的存在，为的是祈求神明庇护，辟邪求福。在古代中国传统思想中，要保护庭院、阻止邪恶的妖魔鬼怪进入家门，最典型必要的方法就是通过恐吓震慑的方式吓退其进入门户，由此铺首衔环从"饕餮"起就承担了这一功能，大门上放一面目狰狞的神兽嘴里衔着门环用以驱妖辟邪。

从商代起仿佛铺首纹就承担了辟邪、保护人们平安的作用，这想必也是铺首纹如何一步步发展成为墓门和大门上的叩门之物的原因。铺首饕餮通过狰狞的面孔吓跑邪恶，守护主人安宁，人们逐渐形成铺首具有辟邪求福这一概念。使用铺首纹也成为一种传统，几乎所有现今发现的墓门上都有铺首纹的存在，这也可说明其在人们心目中辟邪求福的重要意义与精神价值。

（二）神仙思想——组合纹样的象征意义

在汉代羽化升仙、浪漫自由思想弥漫盛行下，铺首纹使用频率依旧较高。追求浪漫的汉人懂得如何灵活变通，将本不太自由灵动的铺首衔环与其余灵动飘逸、自由生动的其他纹样合在一起使用，例如朱雀铺首衔环，朱雀的形态往往生动自由，灵活俊逸，符合汉代的审美观念，加上其与严谨威严的铺首相搭配，更是产生一种对比的美感。也有见绘有西王母纹与铺首纹的结合使用，西王母东王公脚踏祥云柱，其中的祥云也是极其灵动飘逸，一般置于铺首纹左右侧，虽然不是组合纹样，但充分说明了铺首纹在汉代的灵活运用以及使用范围之广，频率之高。

六、结论

铺首纹即铺首衔环纹，是一种使用频繁的传统纹样，多见于门饰之上，一般由上半部分兽首与下半部分圆环相组成，兼具实用与装饰两重含义，用于辟邪求福，寄托了人们美好的愿望，至今仍能在故宫等大门上看到其存在，逐渐演变成为抽象的"门环"。

由于"门"是居所与外界的间隔，对于中国古代人们具有重要意义，因而其门上的饰物兼管控门的开关之"铺首纹"的重要性也就不言而喻，铺首在汉代发展鼎盛，属于汉画像石中出现频率最高、数量最多的纹样之一。它变化多样，能够充分展现当时的时代风貌与精神信仰。铺首纹种类丰富多样且兼具装饰性与实用性，与其他纹样的各种组合形式精彩异常，寄托了汉人辟邪求福的美好愿望，历经了千百年的发展演变一直蕴含着中国传统民族文化的精神。铺首纹丰富的造型变化与组合形式也为汉代画像砖艺术的繁荣提供了不可替代的作用，不仅被广泛使用，而且延续了数千年之久，其背后蕴含了中国古代社会思想以及民族精神，充分反映了中国传统文化的内涵以及文化强大的传承包容性。

文化意涵探讨

汉代画像石西王母及其配偶神组合的演变探究

朱青青

摘要：西王母是中国历史上最古老的神祇之一，其文献最早可以追溯到《山海经》。她形成于战国时期，在两汉时期长生不死的形象趋于完善。直至东汉中期，在阴阳五行的观念下，产生了其配偶神——东王公。本文以西王母和其配偶神为研究对象，对西王母近似野兽到人形的演变、画像中的形象特征、其配偶神从风伯转变成东王公的原因等进行分析，探究西王母图像蕴含的文化功能，分析东王公诞生的原因、功能与文化含义。

关键词：汉代画像石；西王母；配偶神；东王公；风伯

西王母，又称王母娘娘、瑶池金母等，是中国历史上最古老、最重要的神祇之一。对西王母的崇奉成形于战国时期，西王母为"戴胜、虎齿、豹尾"的半人半兽形象，后期逐渐转为人形。两汉时期，西王母长生不死之神的形象趋于完善，人们对她的崇敬达到极致。西汉至东汉早期，西王母大多作为唯一的主神形象图像单独出现，无偶独尊。东汉中期，在阴阳五行观念影响下，东王公产生并作为西王母的固定配偶神。

一、西王母形象演变

西王母文献最早可见于《山海经》。其一是战国初期到中期的《大荒西经》中的"有人戴胜、虎齿、豹尾、穴处，名曰西王母。"[1]这里的西王母形象近似野兽。其二是战国中期后的《西山经》："西王母其状如人，豹尾虎齿而善啸，蓬发戴胜，是司天之厉及五残。"[2]此时，西王母的形象为半人半兽，虽相比前文的野兽特征有所淡化，但兽性仍占比较大。其三是汉初

1　[晋]郭璞，注.山海经·大荒西经[M].[清]郝懿行，笺疏，沈海波，校点.上海：上海古籍出版社，2015：364-365.
2　[晋]郭璞，注.山海经·大荒西经[M].[清]郝懿行，笺疏，沈海波，校点.上海：上海古籍出版社，2015：62.

的《海内北经》：“西王母梯几而戴胜，其南有三青鸟，为西王母取食。在昆仑虚倍。”[1] 此时，西王母不再是野兽形态，逐渐人性化。

战国《穆天子传》记载西王母“嘉命不迁，我惟帝女”[2]，这里的西王母自述是天帝之女，具有神性，与《山海经·大荒西经》中半兽半人的凶神形象已有很大区别，同时表明了西王母的女性身份，为后世西王母的男性配偶神的出现做了铺垫。到了两汉时期，汉人对西王母的崇敬攀至顶峰，同时出现了西王母的镜像配偶神：东王公。

司马相如《大人赋》中对西王母的描述为：“低徊阴山翔以纡曲兮，吾乃今日睹西王母，曤然白首……”[3] 此时的西王母满头白发，是一个老妇人的形象。《神异经》中提到了西王母配偶神东王公及其外貌特征：“东荒山中有大石室，东王公居焉。长一丈，头发皓白，人形鸟面而虎尾。……不鸣不食，东覆东王公，西覆西王母。王母欲东，登之自通。阴阳相须，唯有益工。”“头发皓白”的特征与两汉时期西王母的“曤然白首”相对应，“人形鸟面而虎尾”与早期西王母“豹尾虎齿”相对应，可见东王公是作为西王母的镜像神而存在的。

西王母的形象经历了从半人半兽的形象逐步演化为美丽妇人或白发老妇，而后又出现其配偶神东王公，体现了其宗教体系从原始单一到完善繁复的过程。配偶神东王公的出现也不是一蹴而就的，而是经历了前期对应神的铺垫，才最终成型。

二、画像石里的西王母形象

汉代盛行厚葬之风，作为丧葬礼制性建筑组成部分的画像石应运而生，并迅速普及发展，成为汉代重要的祭祀性丧葬艺术品。这时，《山海经》中半人半兽的原始形象逐渐淡化，西王母雍容华贵的贵妇人形象已基本定型，手握长生不死之药的西王母作为在汉人心目中的地位崇高的神祇，成为汉画像石中常见的题材。

（一）戴胜

“头戴胜”是西王母最显著的特征之一。从《山海经》的半人半兽到长生不死、地位尊贵的女仙，西王母的形象不断演变，戴胜却作为符号特征一直被保留流传了下来。《山海经》中郭璞玉注其为：“胜，玉胜也。”清代学者郝懿行对其进行了阐释：“郭云玉胜者，盖以玉为华胜也。”[4] 司马相如《大人赋》：“吾乃今日目睹西王母曤然白首，戴胜而穴处兮”注云：“胜，妇人首饰也，汉代谓之华胜。”[5] 从中可知，西王母戴的胜是一种汉代女性佩戴的玉质首饰。

1　[晋]郭璞，注.山海经·大荒西经 [M].[清]郝懿行，笺疏，沈海波，校点.上海：上海古籍出版社，2015：300.
2　王天海，译注.穆天子传译注 [M].上海：上海古籍出版社，2018：80.
3　姜逸波，编注.中华名赋集成·先秦两汉卷 [M].北京：中国工人出版社，1999：127.
4　袁珂，校注.山海经校注 [M].成都：巴蜀书社，1992：60.
5　[汉]班固.汉书 [M].北京：中华书局，1962：2598.

山东武梁祠后坡画像中对胜的榜题为"玉胜王者"，可见胜有王权的象征。山东嘉祥县城东北洪山村出土的汉画像石（图 1）中可以清楚地看到西王母佩戴的头饰的外形特征：中间由一根杆状物连接，两端各有一个中心为圆形两边接梯形的几何形体装饰，造型对称。此画像上的西王母身边有侍从手捧仙草，恭敬地跪侍两侧，西王母戴胜的特征也体现了她崇高的地位和华贵的身份特点。

（二）双翼

肩生双翼是西王母在东汉中后期出现的形象特征。在滕州出土的一块画像石上（图 2），可以看到西王母戴胜正坐，左右肩膀上分别有一只向上扬起羽翼，上面有清晰的羽毛花纹。

东汉王充《论衡·无形》记载："图仙人之形，体生毛，臂变为翼，行于云，则年增矣，千岁不死。"[1] 可见汉人心目中，长出羽翼意味着飞翔、升天与长生，是人仙化的象征，而西王母拥有长生不死的神性，羽翼和这种神性相得益彰。李立认为："在汉墓神画西王母形象的塑造上，人们以两翼张开的细节，突出西王母'飞翔'的神性功能。正是两汉时期仙化西王母形象超越生命时空的限制这一神仙思想的反映。"[2] 此时，有翼的西王母相较于无翼的西王母在服饰上更加雍容繁琐，多穿着和东汉时期的贵族妇女一样的华丽长袍，在形象上同汉人贵族女子的形象十分相近，而肩膀上的羽翼又体现了其鲜明的神性，此时的西王母似人似仙，兼具神性和人性。

（三）动物

在汉代画像石中，西王母一般不单独出现，身旁多配置捣药兔、三足乌、九尾狐、金蟾等动物。

在宋山小石祠西壁画像中（图 3）可以看到西王母居中而坐，旁边有一蟾蜍和一玉兔分别立于药臼两侧，各持一药杵相对捣药的画面，可见玉兔和蟾蜍听命于西王母，为其捣制不死药。

西王母身边常伴鸟雀，早在《山海经·海内北经》就有记载："西王母梯几而戴胜杖，其南有三青鸟，为西王母取食。"[3] 到汉代，三足乌成为西王母身边重要动物侍从，司马相如的《大人赋》中描述西王母"戴胜而穴处兮，亦幸有三足乌为之使。"[4] 三足乌作为使者在以西王母为主题的画像石上屡见不鲜，如出土于陕西绥德的汉画像石（图 4）所示，西王母正面庄严端坐，身边伴有各种侍从，捣药兔和鸟首人身侍从之间便有生三足的乌雀。

1　[东汉]王充.论衡[M].陈浦清，点校.长沙：岳麓书社，1991：23.

2　李立.汉墓神画研究[M].上海：上海古籍出版社，2004：219.

3　[晋]郭璞，注.山海经·大荒西经[M].[清]郝懿行，笺疏，沈海波，校点.上海：上海古籍出版社，2015：300.

4　姜逸波，编注.中华名赋集成·先秦两汉卷[M].北京：中国工人出版社，1999：127.

图 1　西王母画像石（山东嘉祥县城东北洪山村）

图 2　西王母画像（山东滕州市桑村镇）

图 3　西王母画像石（山东嘉祥）

图 4　西王母画像石（陕西绥德）

图 5　西王母画像石（邹城市高庄乡金斗山祠堂）

在汉人眼中，玉兔为月精，作为太阳神鸟的三足乌为日精。《淮南子·天文训》中有载有"日者阳之主也……月者，阴之宗也。"[1] 可见，日与月分别是阴和阳的象征，而汉代王充的《论衡·说日》中记载："日中有三足乌，月中有兔、蟾蜍。"[2] 因此，玉兔、蟾蜍和三足乌分别象征着阴与阳跟随在西王母身边。

九尾狐也是西王母身边出没的极有辨识度的动物之一。邹城市高庄乡金斗山祠堂画像石（图 5）中可见其形象特征：作奔跑状，身后有呈树枝状分叉的九条尾巴。《山海经·大荒东经》中有载有"有青丘之国，有狐，九尾"，有注曰："太平则出而为瑞"[3]，可知九尾狐乃祥瑞之兽。《白虎通德论·封禅》中提到"九妃得其所，子孙繁息也；于尾者何？明后当盛也。"[4] 可见，九尾狐还有繁衍后嗣，生殖旺盛之含义。

（四）侍从

西王母身边的神仙侍从主要为兽首人身或人首兽身的人兽组合体，例如鸡首人身者、马首人身者、牛首人身者、人身蛇尾者等。

1　[西汉] 刘安，等. 淮南子 [M]. 长沙：岳麓书社，2015：20.
2　[东汉] 王充. 论衡 [M]. 陈浦清，点校. 长沙：岳麓书社，1991：142.
3　[晋] 郭璞，注. 山海经·大荒西经 [M].[清] 郝懿行，笺疏，沈海波，校点. 上海：上海古籍出版社，2015：335.
4　[汉] 班固. 白虎通德论·封禅 [M]. 上海：上海古籍出版社，1990：43.

在人兽组合体的仙侍形象中，鸡首人身者出现得较为频繁。如绥德四十里铺墓门楣画像中（图6）所示，西王母端坐，鸡首人身者位于其左侧，面向西王母呈现行礼、跪拜状，体现了其作为侍从的恭敬与臣服。

在江苏徐州沛县栖山汉墓石椁画像中（图7）可以看到西王母端坐于一二层阁楼内，屋外有兽首人身的侍从正在朝拜，分别是人身蛇尾、马首人身、鸡首人身等侍神。在《山海经》中，西王母的形象就是半人半兽的组合体，随着西王母形象的逐渐人格化，兽性特征在她身上逐渐淡化直至消失。而半人半兽往往是神通的体现，西王母身边人兽组合体仙侍形象无疑加强了西王母的神性。

（五）龙虎座

龙虎座是出土于四川地区的西王母画像的最大特征之一，西王母居中正坐，座位两边分别探出一龙一虎的形象。

根据龙、虎与西王母之间的方位高低对比，龙虎座可大致分为两种类型。一类是龙和虎的位置靠下，形似坐榻，西王母坐于其背上，位置高于龙、虎二兽（图8）。第二类中，龙和虎的位置较高，高度超过西王母的腰部甚至肩膀，从座位底部延伸出来，悬浮于半空（图9）。

龙虎座的象征意义众说纷纭，有诸多争论。在简·詹姆斯的理解里，龙与虎是作为守护神伴于西王母左右的。他在《汉代西王母的图像志研究》中这样描述龙虎座："龙在其左，虎在其右，守护她的宝座，龙和虎表现为侧面像，面向左右……她坐在垫子上，头上罩着华盖，龙和虎守护在两旁。"[1]《后汉书·耿纯传》记载"大王以龙虎之姿，遭风雨之时"[2]。可见，龙与虎在汉代文化中有英雄和帝王的象征，而其作为西王母的守护侍者，也侧面反映了西王母崇高的主神地位与身份象征。此外，龙虎座还有升仙的象征意义。《抱朴子》中对龙虎升仙描述道："若能乘蹻者，可以周流天下，不拘山河，凡乘蹻道有三法：一曰龙蹻，二曰虎蹻，三曰鹿卢蹻。"[3]蹻是脚的意思，意为使用龙、虎、鹿的脚力，便能上天入地，鬼神来往。[4]《焦氏易林》记载："驾龙骑虎，周遍天下，为神人使，西见王母，不忧不殆。"[5]可见，龙虎是作为辅助升天的工具被神人所使用的。也有学者认为龙虎座中的龙与虎有阴阳象征，龙为"阳"，虎为"阴"。魏伯阳的《周易参同契》记载："龙呼于虎，虎吸龙精，两相饮食，俱吐证符。"[6]但在四川出土的西王母图像体系中鲜少有东王公出现，说明巴蜀地区受阴阳学说影响较小，龙虎座是否象征阴阳还有待进一步论证。

1 简·詹姆斯.汉代西王母的图像志研究 [J].贺西林，译.美术研究，1997（2）：77-78.
2 范晔.后汉书 [M].上海：上海古籍出版社，1986：872.
3 [晋]葛洪.抱朴子·杂应 [M].上海：上海古籍出版社，1990：117.
4 张光直.濮阳三与中国古代美术史的人兽母题 [J].文物，1988（11）：36.
5 [汉]焦延寿.焦氏易林注译 [M].芮执俭，注译.兰州：甘肃人民出版社，2015：280.
6 潘启明.周易参同契解读 [M].北京：光明日报出版社，2005：50.

图6　西王母画像石（陕西绥德）

图7　西王母画像石（江苏徐州沛县栖山汉墓石椁）

图8　后羿请不死药（四川合江）

图9　西王母画像石——龙虎座（四川彭山）

图10　西王母画像石（山东邹城卧虎山）

图11　子路（山东邹城卧虎山）

三、西王母与其配偶神的演变

西汉以前，西王母一直是无偶的独尊形象，而汉代强烈的阴阳平衡的思想使得汉人迫切希望能有一位男性神祇来成为西王母的配偶神。由于没有相关神话传说的明确记载，子路、风神都曾作为暂时的对应神与西王母相配出现。东汉中后期，东王公应时而生，成了为西王母量身定制的固定配偶神。

（一）西王母与子路

西王母与子路组合的模式见于山东邹城、微山等地出土的一些汉代画像石。

在邹城市卧虎山西汉宣帝至元帝时期出土的一套石椁中，南侧和北侧分别刻有西王母（图10）和子路（图11）的图像。南侧画像中西王母凭几正坐，头戴胜，脑后有牛角形状的弯形头饰，左右侧各有两位侍从。北板外侧的画像石上刻有一武士形象，手持武器，呈攻击姿态，头戴鸡形冠，与《史记·仲尼弟子列传》中描述的形象"子路性鄙，好勇力，志伉直，冠雄鸡，佩豭豚"[1]相吻合。武侯祠前石室东壁画像石上刻画有孔门弟子图像，画像石版图说明上有对子路的形容："左起第九人戴鸡形冠，榜题'子路'"，根据头戴鸡形冠的这一大特征，可以判断M2北板外侧中的武士形象是子路。此画像石上还有鸟首人身、马头人身二神立于子路身旁，此类鸟首人身、马首或牛首人身的神灵多作为神侍和西王母一同出现。例如在山东嘉祥县出土的画像石上，西王母与后期稳定的配偶神东王身边都有这类兽首人身的侍从，由此可见，子路是作为东王公出现之前，与西王母相对应的男性神祇。

1　[西汉]司马迁.史记[M].甘宏伟，江俊伟，注.武汉：崇文书局，2009：392.

图 12　孝堂山石祠堂西壁画像（山东长清区）　　　图 13　孝堂山石祠堂东壁画像（山东长清区）

（二）西王母与风伯

西汉末期，西王母逐渐取代女娲作为阴的象征，此时与之相对应的是象征阳的神祇风伯其星。

西王母和风伯相对应出现的形式最早见于孝堂山石祠堂（图 12、图 13）。孝堂山的东西两壁呈对称形态，西壁上半部分刻画的女娲执规和东壁上刻画伏羲执矩形成阴阳对应的关系。西壁底部中央刻画的是头戴胜、凭几正坐的西王母及其随从，而东壁上与之相对应的位置有一间房屋，屋内有一坐一立二人，姿态恭敬，房屋外，一男子双手持一物奋力向屋顶吹风，屋顶一侧已被风掀开。这个与西王母相对应的图像是风伯吹屋，吹屋的男子就是风伯其星。

风伯与西王母对应出现的原因有三个方面，一是属性的相对，二是方位上的相对，三是寓意上的相应。在属性上，西王母象征阴，其星象征阳[1]。汉人十分注重阴阳平衡的理论，二者在属性上有相互对应的关系。在方位上，其星位于东方，《汉书·郊祀志》中记载："东方帝太昊青灵芒畤及雷公、风伯庙、岁星、东宿东官于东郊兆……"[2]可以得知风伯是来自于东方的吉神，与在西方的西王母有着方位上的对应关系；在寓意上，风伯吹屋的形式和魂魄升天有关。《礼记·郊特性》中有记载："魂气归于天，形魄归于地，故祭求诸阴阳之义也。"[3]这表明人死后，魄作为体将被下葬，而魂是气将升天。《淮南子·地形训》记载："掘昆仑

1　巫鸿.武梁祠：中国古代画像艺术的思想性 [M].北京：三联书店出版社，2006：130.
2　[汉]班固.汉书 [M].北京：中华书局，1962：1268.
3　[西汉]戴圣.礼记 [M].北京：中国书店，1984：150.

虚以下地，中有增城九重，其高万一千里百一十四步二尺寸。……悬圃、凉风、樊桐，在昆仑阆阖之中，是其疏圃。……昆仑之丘，或上倍之，是谓凉风之山，登之不死。或上倍之，是谓悬圃，登之乃灵，能使风雨。或上倍之，乃维上天，登之乃神，是谓太帝之居。"[1] 表明人登上凉风之山便可长生不死，登悬圃则为灵，登悬圃再上则可成神。孝堂山画像石上的风伯吹屋寓意着风伯吹开屋顶，墓主人的灵魂便可乘风登天，长生不死。而西王母具有长生不死的神性，拥有不死之药，与风伯吹屋的寓意相互匹配，相辅相成，统一表达了灵魂升天，长生不死的主题。

虽然风伯在属性、方位和寓意上与西王母有对应关系，但却并不能证明风伯是作为西王母的配偶神出现的。信立祥学者认为："在东汉中期以前的早期祠堂中，由于与女性主仙西王母相对应的男性主仙还没有被群众造仙运动创造出来，东侧壁最上层的图像仍然处于不稳定状态。……风伯形象，是作为与西王母形象相对应的男性神灵而被描绘上去的。"西王母和风伯在属性、方位和寓意上相互对应，但两位神祇的神格并不完全相对。在当时的信仰中，西王母是居住在昆仑山上的女仙，而风伯是天上的自然神，两者之间并无非常紧密的内在联系。[2] 风伯只是作为对应神出现在与西王母相对的画像石方位上，因此，将风伯与西王母匹配，是一种填补与西王母完全对应的男性神祇缺失的一种权宜之计。

（三）西王母与东王公

东汉中后期，在阴阳五行观念的影响下，子路和风神已不能填补西王母对应神的空缺，东王公作为西王母的配偶神应运而生。东王公，又名东王父，最早见于《十洲记》中的"扶桑，在东海之东，岸直陆行，登岸一万里。东复有碧海，海广狭浩汗，与东海等。水既不卤苦，正作碧色，甘香味美。扶桑在碧海之中，地万里。上有太帝宫，太真东王父所治之所。"[3] 从中可知，东王公来自东方。《神异经》将东王公的外貌描述为"头发皓白，人形鸟面而虎尾"。这与西王母"其状如人，豹尾虎齿而善啸"的形象特征相匹配。由此可以推测，东王公是作为西王母的配偶神而被创造出来的，其方位和外貌都是基于西王母而对应设定，是西王母的"镜像神"。戴胜是西王母的一个显著特征，而东王公与之对应的头部装饰特征是戴冠，其在画像石上的表现形式也和西王母一致，被描绘为正面坐姿形象，其侍从也和西王母的侍从相类似，为神兽、兽首人形侍从和各类羽人。

1　[汉] 刘安. 淮南子译注 [M].陈广忠，译注. 上海：上海古籍出版社，2017：147.
2　信立祥. 汉代画像石综合研究 [M]. 北京：文物出版社，2000：154.
3　王根林，黄益元，曹光甫，校点. 汉魏六朝笔记小说大观 [M]. 上海：上海古籍出版社，1999：69.

图14　东王公画像石（山东邹城）

东王公何时在画像石上的出现没有明确的记载。在前文提到的建于公元76—88年的孝堂山祠堂中，与西王母画像对应的还是风伯吹屋图像，到了建立于公元148年的嘉祥宋山祠堂，与西王母对应的就已经是头戴高冠的东王公了。由此可以推测，东王公形象诞生于这个时间段内。邹城高庄乡金斗山出土的画像石中可见东王公初期形象。西王母和东王公（图14）分别头戴胜和高冠，凭几坐于画像上端中部，均有一左一右两位人形侍从位于二神身侧，其中西王母的侍神各呈现跪姿，上身直立，东王公的侍者呈现匍匐叩首的跪拜姿势，画像的下半部分为九尾狐、青鸟、翼龙、翼虎等各种神兽侍从。可见，西王母和东王公在早期相对应出现时的特征为戴胜和冠，凭几而坐，有大量动物侍从。

嘉祥宋山出土了许多有西王母、东王公的画像石，祠堂西壁上均刻画西王母，东壁上刻画东王公像，二神在方位上完全对应。四座祠堂的建立按早晚顺序依次为第三祠、第四祠、第二祠、第一祠。从中可以看到西王母和东王公的形象流变过程。通过图像可以发现，建立较早的第三祠中，西王母头戴胜，端坐于曲状天柱上，座下有捣药兔、蟾蜍、跪拜的羽人（图15）等，东王公戴通天冠，亦凭几正坐，身旁有马首人身的跪姿侍者，侍者身后牵有狐狸、乌鸦二兽（图16）。二神均无翼。四号祠堂中，仍能从残缺的图像中辨认出西王母是头戴胜的（图17），东王公则戴通天冠，二神穿戴羽状披肩，东王公的披肩上还立有二鸟（图18），这被认为是肩生双翼的过渡图案，二神身侧均有多位兽首人身的羽人侍者。宋山

图15　西王母画像石（山东嘉祥）

图16　东王公画像石（山东嘉祥）

图17　西王母画像石（山东嘉祥）

图18　东王公画像石（山东嘉祥）

二号祠中，东王公身披披肩无鸟，坐于胁侍座上（图19），此时西王母已有肩生双翼的特征（图20）。胁侍座和披肩都有和羽翼相似的帮助主神飞升仙界的功能。宋山一号祠中，西王母和东王公均有双翼，西王母已不戴胜而梳发髻（图21），东王公戴通天冠，二神皆正坐于榻上，配以羽人侍者。这里的二神形象与武氏祠中的主神形象已极为接近。武氏祠中，西王母梳三环高髻，东王公戴通天冠（图22），二神均有双翼特征，身旁有众多仙侍。此时的西王母与东王公画像图式已趋于成熟稳定。西王母戴胜，东王鸟面虎尾的原始特性被逐步淡化，外形逐渐趋近于人，又演变出肩生双翼的特征以强化其仙人之姿，以众多羽人相侍，体现其崇高的地位。

图19　东王公画像石（山东嘉祥）

图20　西王母画像石（山东嘉祥）

图21　西王母画像石（山东嘉祥）

图22　东王公画像石（山东嘉祥）

图 23　田舫墓横额画像石（陕西绥德）

四、构图形式

目前，已有许多学者对西王母汉画像的构图形式进行了研究。巫鸿先生将西王母汉代画像分为情节式和偶像式的分类方式得到广泛的认可。本文将延续巫鸿先生的分类方式对汉画像石中的西王母图像进行展开分析。

（一）情节式

情节式构图为不对称构图，主要是指讲述故事情节的构图形式。如田舫墓横额画像石（图23）中，西王母位于画面左端，两侧各有侍者敬拜，往右分别刻绘了九尾狐、三足乌、二玉兔对立持杵捣药等意象，紧接着还有歌舞杂技的场景，最右侧有一男子乘车驰往西王母方向，拉车的鹿和马和三只仙鸟都呈现奔跑展翅飞翔状态，增添了画面行进的动感。整体构图如画卷般徐徐展开，动静结合，从左至右体现了空间感上的纵深感与故事情节性。

在前文提到的江山栖山石椁画像石也属于情节式构图，表现了鼓舞祭祀西王母的场景。画面上西王母凭几端坐于一二层阁楼内，楼下有一大鸟嘴里衔着供奉于西王母的食物，外面朝拜的队伍似乎是由人兽结合的神使们引导墓主拜见西王母。画面上方有三足乌、九尾狐等动物形象。画面右侧有两位身形较小的人形侍从正在捣药，最右侧刻绘歌舞杂技场景。画面中除了西王母为正面"静坐"姿态，其余形象侧立造型，且动作上为或拜见、或捣药、或歌舞的动态姿势。

在情节式的构图中，西王母作为重要的主神形象在构图中并不处于画面中心位置，画面着重讲述故事情节，较之于偶像式构图，整体更富有动感。

（二）偶像式

偶像式构图为对称构图，有平衡稳定感，主神一般位于画面中心位置，正面端坐，以威严之姿面对观者，且并无故事情节发展，相对于情节式构图中表现画面内部故事关系，偶像式构图不是封闭的，而是与画面外的空间有所关联。观者的视线被引导于主神对视，如同观摩朝拜偶像。

图 24　西王母画像石（山东滕州桑村镇）　　　　　图 25　西王母画像石（山东滕州桑村镇）

例如滕州桑村镇西户口村画像石中的西王母画像（图 24），此图分为两层，最顶层中央是戴胜端坐的主神西王母，有一男一女两位人身蛇尾的侍从手持便面，侧立于西王母身旁，蛇尾相互拧转缠绕，这一场景呈倒三角状位于画面的中上部分，占比较大且完全对称，占据视觉中心位置，使西王母在画面中尤其突出，十分庄重威严。这也体现了西王母不可撼动的崇高地位。

同地区出土的另一画像石也属于偶像式的构图形式（图 25）。此图像更为复杂饱满，整体分为 8 层，构图紧凑衡稳，西王母依然位于最顶层中心位置，以西王母为中心轴，左右两侧各立有一持便面侍从，再两边各有一对相对而立的侍从持杵捣药；从上至下第二层有二九尾狐背对对称而立，两侧各有神兽二只；第三层为众儒生捧简听讲经，左右两队儒生面朝中心；第四、五、六层中间有一建鼓，左右分别有一人呈击鼓状；第七层为七骑出行，第八层为牛车、羊车、马车出行，皆呈一对排列，每骑每车大小、间隔一致，且均朝向左侧。这幅图像整体留白少，将画面对称发挥到极致，不论是物象，还是空间都左右对应，重心非常平稳。

作为西王母的配偶神，在偶像式构图中，东王公的汉画像石构图基本与西王母的汉画像石构图一致，不仅作为主神位于画面中心对称位置，其整体画面构成也与西王母相对称。在沂南县北寨村出土的画像石中（图 26），西柱刻画有西王母戴胜正坐于"山"字形案几之上，身侧各有一玉兔面对西王母捣制仙药，下方有一白虎穿梭于三字形高几之间；东柱的东王公图像在构图上与之对应，亦端坐于"山字"形高几中央，身侧有二捣药戴冠仙人，下方穿梭于山字形高几的是与白虎相对应的神兽青龙。两幅图像在方位和内容上都相互对应相称，相辅相成。

图26　西王母、东王公画像石（山东沂南县北寨村）

五、文化内涵

汉画像石中的神仙体系是汉人参照现实世界的神仙体系所构筑的，汉画像石中的大部分内容是对人们对死后前往的虚拟世界的幻想和描摹。西王母作为其中的常见题材，其文化内涵有长生不死、成仙升天、阴阳平衡等。

（一）长生不死

西王母的居所昆仑山有长生不死的含义。《淮南子·地形训》中形容昆仑山"掘昆仑虚以下地……珠树、玉树、璇树、不死树在其西""是谓丹水，饮之不死"。[1] 拥有不死药是西王母长生不死神格的最大特征。在嫦娥奔月的典故中，后羿向西王母求得长生不死药，交与嫦娥保管，嫦娥吞不死药后升天于月上，成仙长生。《淮南子·览冥训》中载有"羿请不死之药于西王母，姮娥窃以奔月。"[2] 合江1号石棺（图8）中有画像表现后羿求不死药这一场景。画像石中，西王母端坐于龙虎座上，十分尊贵庄严，后羿向其伸出双手，请求赐予他不死神药。

西王母身边的动物侍从，玉兔和蟾蜍的职责便是为她捣制不死神药。这一场景在汉代画像石中经常出现。如前文提到的宋山小石祠西壁画像所示，西王母身旁有蟾蜍和玉兔共同奋力持杵捣药的场景，药臼旁有用于制作不死药的原料仙草，都指向了西王母长生不死的神格特点。

1　[西汉]刘安.淮南子译注[M].陈广忠，译注.上海：上海古籍出版社，2017：147.
2　[西汉]刘安.淮南子·览冥训[M].长沙：岳麓出版社，2015：54.

图 27　西王母画像石（山东嘉祥宋山）　　　　　图 28　东王公画像石（山东嘉祥宋山）

（二）成仙升天

汉代成仙风气盛行，人们渴望能得道升仙，有不死之身，故汉代西王母相关主题的画像石中也有许多有成仙升天之意的图像。在前文提到，羽翼可助人不受困于山河，自由遨游于天地之间，西王母、东王公在后期衍生出双翼特征是羽化升仙的一种表达形式，经常在西王母身边出没的羽人也有类似的含义。羽人就是生有羽翼的人形生物，大多为人形，其臂膀化为羽翼，有长寿不死的特征。在山东嘉祥出土的汉画像石上可以看到西王母正坐于高台之上，身边有许多身体轻盈、姿态灵动的羽人环绕。《楚辞·远游》记载："羽人于丹丘兮，留不死之旧乡。"王逸注："有羽人之过，不死不民。或曰：人得道，身生毛羽也"，可见，肩生羽翼是得道成仙的具体表现，而羽人长生不死，是引导求仙者升天的使者。

西王母画像石中的一种分层式构图也表现了人们对升天的向往。在这类画像中，上层表现的是人们向往的神仙世界场景，下层表现的是世俗的人间生活场面（图 27）。西王母居于上层，身旁有九尾狐、羽人等侍从，玉兔、蟾蜍正在捣药，画面中还有袅袅云纹，体现了这是天上的景象，为神仙居住之所，而西王母下方便有戴冠端坐的人物形象，这些人身上并无神怪特征，可能是祈求升天的凡人，下层为人间的牛羊车马场景。一些东王公的画像石也有这样的特点（图 28）。可见东王公作为主神也居于第一层，身旁有跪拜的神怪侍者和捣药兔，第二层是描绘人间景象的庖厨图，最下层为车马图，人间和仙界在同一画面中，似乎只有一线之隔，得道成仙也变得有可行性。

六、结论

西王母作为中国古代重要的神祇之一，历史悠久、神格多样。西王母神话体系随着历史发展不断演变、丰富、完善。在其自身形象上，西王母从《山海经》的半人半兽演变为汉画像石中的贵族神女，人性特征逐步增强；戴胜、肩生双翼、龙虎座等体现了不同时期、不同地区西王母的外在特征。

西王母的配偶神也是通过不断演变发展而定型的。汉代以前，西王母是独尊无偶的主神，子路和风伯曾作为"临时配偶神"与之在方位、寓意上相对应。东汉中后期，东王公应运而生，成为西王母固定配偶神,配偶神的出现体现了汉代阴阳五行思想的盛行。同时,玉兔、蟾蜍为阴，三足乌为阳，这些西王母身边的动物侍从也有阴阳平衡的含义。

汉代四神纹样的演变与文化意涵

曾繁如

摘要：四神纹，汉画像石中常见纹样之一，广泛出现在画像石、瓦当、铜镜等载体上。从汉代开始，其以"吉祥之守卫"为寓意，后延续至魏晋乃至隋唐，是中国古代墓葬文化中不可或缺的装饰纹样。其特征主要以青龙、白虎、朱雀、玄武四种纹样构成。本文以汉代画像砖中的四神纹样为研究对象，通过分析四神纹的起源、四种纹样的考据与从两汉时期起，至宋辽以后的形制特征演变，探究其在古代中国发展历史中的演变及其丰富文化意涵。

关键词：关键词：汉代画像石；汉画像砖；四神纹样；墓葬文化；装饰纹样

汉画像石是汉代地下墓室、祠堂等丧葬礼制性建筑上雕刻画像的建筑构石，自产生以来以刻画精美，构图新颖、题材丰富等风格特征而为人熟知，是中国古代墓葬文化中宝贵的艺术结晶，更与商周青铜器、南北朝石窟艺术等一样，成为中国古代工艺美术历史中不可或缺的瑰宝。

四神纹，汉画像石中的常见纹样之一，以青龙、白虎、朱雀、玄武四种纹样构成，从汉代开始便以"吉祥之守卫"为寓意，广泛出现在画像石画像砖、瓦当、铜镜等载体上，后亦延续到魏晋乃至隋唐，成为墓志中不可或缺的装饰纹样。本文以汉代画像砖中的四神纹样为研究对象，探究其在古代中国漫长的发展历史中历经的种种演变，并总结其丰富的文化意涵。

一、群星指引，归于四象——四神纹起源

顾名思义，"四神"即为"四种神灵"，又称"四灵"，以动物形态出现。四神纹样则是古人将神灵物化而产生的图像，纵观历史，多附着于实用或陪葬器物上，故想要研究四神纹样的起源，先要明确四种动物的类别。自新石器时代以来，关于四神组合种类的说法主要有两种，《礼记·礼运》中云："四灵以为畜，固饮食有由也。何为四灵？麟、凤、龟、龙。"[1]

---

1 [元]陈澔，注. 礼记 [M]. 上海：上海古籍出版社，2016：262.

另有《三辅黄图·未央宫》载："苍龙、白虎、朱雀、玄武、天之四灵，以正四方。王者制宫阙殿阁取法焉。"[1] 而从后来四神纹样的发展与演变来看，更为普遍的说法为后者，原文中的"以正四方"更为四神纹的起源提供了线索。

古人很早就有"四方"观念。《尚书·虞书·尧典》中讲尧待天下太平后："（帝尧）乃命羲和，钦若昊天，历象日月星辰，敬授人时。"[2] 亦命令羲和四子奔赴四方，司掌春、夏、秋、冬四时，表明春秋时期"天圆地方"的宇宙观已被明确记载，《礼记》中"天子祭天地，祭四方"[3]，亦是佐证。

而令四方观念逐渐延展出四神体系的原因，则是古人对"天"的崇拜。《尚书·洪范》中有"庶民惟星，星有好风，星有好雨，日月之行，则有冬有夏，月之从星，则以风雨。"[4] 由于日月阴晴的变化直接影响到农耕文明的发展，古代先民以"观象授时"为基础的天文学便发展起来，[5] 面对纷繁复杂的群星，他们将其分组，以星群的方式通过识别图像确立概念，二十八宿亦由此而来。而有关四神进入四方体系的原因，学界内说法不一：一是分布于黄道四个方位的四种动物，与四方星群的形态对应，而四灵中的龙、虎、凤等形象自新石器时代以来就一直是中国美术中常见的图像，[6] 是吉祥的象征；二是源于华夏族群位于四方的四个民族分别对于龙、虎、鸟以及龟蛇图腾的崇拜。陈久金先生根据其研究与论证认为，四神的最终产生是以四个古代图腾为四个民族的代表给黄道带的四个部分命名，象征帝王统治四方，"只有作这样的理解，才能与中国古代以人间的政治机构和社会组织给星座命名的习俗相协调。"[7] 就此问题，笔者则更倾向于后者，一是陈久金先生的观点的确与封建社会的政治规律相符合，二是龙、虎、凤等吉祥纹样广泛出现于中国美术历史中的原因，归根结底也是上古部落时期对自然图腾的敬畏，故四灵概念与四方观念的结合并非仅凭形象而定，而是拥有其深层次的必然性。

而四灵正式拥有其对应色彩的概念，最早可追溯到春秋战国时期。此时白、赤、黄、黑、青的五色系统已经逐渐形成完备，郑玄注曰："侍奉时事有所讨也。方色者，东方衣青，南方衣赤，西方衣白，北方衣黑。"[8] 从这时起，四象便逐渐脱离远古星宿信仰，根据道家五行学说也代表了东西南北与春夏秋冬，即东之青龙，西之白虎，南之朱雀，北之玄武，中为黄龙。春为青龙，夏为朱雀，秋为白虎，冬为玄武。其又与金木水火土对应：青龙为木，白虎为金，朱雀为火，玄武为水，成为拥有完备体系与宗教基础的重要纹样。

1　何清谷.三辅黄图校注[M].西安：三秦出版社，2006：190.

2　屈万里.尚书今注今译[M].北京：新世界出版社，2011：4.

3　[元]陈澔，注.礼记[M].上海：上海古籍出版社，2016：51.

4　屈万里.尚书今注今译[M].台北：商务印书馆，1969：82.

5　张文晶.四灵与中国古代四方观念初探[J].社科纵横，2005（1）：112.

6　黄佩贤.汉代流行的四灵图像始见于新石器时代？——河南濮阳西水坡及湖北随县曾侯乙墓出土龙湖图像再议[J].中国汉画学会第九届年会论文集（上），2004：56.

7　陈久金.华夏族群的图腾崇拜与四象概念的形成[J].自然科学史研究，1992（1）：10.

8　[春秋]曾子问，李学勤，主编.十三经注疏·标点本[M].北京：北京大学出版社，1999：592.

二、威严神兽，镇守四方——四神纹考据

前文论述了四神与四方之间的紧密关系，可见四神纹样的产生必定与四方观念有关，故四神纹确虽由四种动物组成，但单独的龙、凤、虎、蛇等纹样可能只是单一的吉祥纹样，而四神纹必定以一双或一组的形式出现，且带有明确的方位性，拥有其独特的意义，因此二者不可混为一谈。在此只探讨四方观念与四神纹。

（一）青龙纹

依前文所说，四神为古人划分与掌握二十八星宿的方式之一，青龙便是执掌东方之神。东方七宿成龙形，掌管春季，方位属左，五行为木。[1] 虽然青龙纹与龙纹定义与意义均不同，但形制上实则同属一脉，闻一多先生云："它（龙）是一种图腾，并且是只存在于图腾中而不存在于生物界中的一种虚拟的生物，因为它是由许多不同的图腾糅合成的一种综合体。"[2] 由于龙本身就是一种无法与现实生物比对的图腾，有关其起源的分歧并不多，多认为由古代部落图腾组合拼凑而成。在造型上，青龙纹样均长身有角，始终保留传统意义上的龙纹特征，但风格丰富造型多变，风格随朝代变化而多样，这是由于在画像石兴起的汉代，龙还并未成为皇权的象征，故我们今天才能看到如此繁复多姿的青龙纹样。[3]

而关于青龙纹样的分类，由于造型丰富，学界内分法不一。程万里学者在《汉画四神图像》一书中以现实中动物形态为依据，将其分为走兽型、牛型、马型、蛇型、蜥蜴型、蛇兽复合型等；李皓学者则是以纹样是否有翼为分类标准，分为无翼蛇型、有翼走兽型、无翼走兽型等。综合各种分类，为避免繁复，笔者认为以青龙纹最主要形态特征——身型躯体形态为标准，从整体上可分为兽形与蛇形，其下可再细分为有鳞与无鳞、有翼与无翼等。

兽形青龙纹，基本特征为躯体接近某种兽类，身形粗壮，四肢分明且有力，爪部坚韧，多为行走状态。如合江14号棺棺身青龙纹拓片（图1），[4]再如四川汉代画像石青龙纹样（图2）[5]，兽形青龙纹在形态上更接近于陆地生物或爬行动物，与后期常见的龙纹有较大区别，更有威武强壮之意，但在动态刻画上并非呆板直立，仍不失灵动之感。

蛇形青龙纹，躯体接近蛇类，柔软细长，有两爪或无爪，与以后龙纹形态的发展走向更相吻合，也与龙纹的来源更相一致。《左传》云："深山大泽，实生龙蛇。"[6] 蛇形青龙纹由

1　李国新.汉画像砖造型艺术[M].开封：河南大学出版社，2010：18.

2　闻一多.闻一多全集·伏羲考[M].武汉：湖北人民出版社，1993：79.

3　程万里.汉画四神图像[M].南京：东南大学出版社，2012：77.

4　成都文物考古研究院，泸州市博物馆.四川泸州汉代画像石棺研究[M].北京：文物出版社，2019：186.

5　张道一.中国图案大系·第二册[M].济南：山东美术出版社，1993：564.

6　[晋]杜预，集解.春秋经传集解[M].上海：上海古籍出版社，1990：496.

于身形纤细，更具灵活飘逸之感，如河南南阳汉代画像石苍龙纹拓片（图3）[1]、苍龙食鱼纹（图4）[2]，身上可见鳞片纹样，且多有翼，作飞翔姿态，四肢与尾部均卷曲细长，有腾云飞跃的形势动态。

图1　合江14号棺棺身左侧拓片

图2　四川汉代画像石·青龙纹

图3　河南南阳汉代画像石·苍龙纹

图4　河南南阳汉代画像石·苍龙食鱼纹

1　张道一.中国图案大系·第二册[M].济南：山东美术出版社，1993：573.
2　张道一.中国图案大系·第二册[M].济南：山东美术出版社，1993：573.

图5　河南郑州汉代画像砖

（二）白虎纹

西方七宿成虎形，掌管秋季，方位属右，五行为金[1]，故白虎的白不是颜色的白，而是在五行中属金，而金是白的。《山海经·西山经》有云："又北二百二十里，曰盂山，其阴多铁，其阳多铜，其兽多白狼白虎。"[2]也可见其方位与名称的来源。汉代人将虎视为百兽之王，据说当帝王具备德政时，白虎这种神兽才会出现，因此白虎的出现，一直被视作人间幸福吉祥的象征。在古代许多器物上也能见到白虎图像和铭文，汉代铜镜铭文："汉有善铜出丹阳，左龙右虎辟不详，朱爵玄武利阴阳，八子十二孙治中央，法象天地，如日月之光，千秋万岁，长乐未央兮。"[3]还有湖北鄂城出土的尚方四神博局镜铭曰："尚方作竟大毋伤，左龙右虎辟不羊，朱鸟玄武顺阴阳，子孙备具居中央，长保二亲具富昌，如侯王。"[4]其均表明了"左龙右虎"的方位。

白虎作为一种现实中有据可考的真实动物，其形象上的分类不多，都具有威武雄壮的艺术特色。如河南郑州汉代画像砖（图5），[5]虽然动作、姿态均有不同，但在形象上都具有虎的基本特征，昂首阔步，巨口利齿，这种形象的刻画也是其守卫寓意的体现。也有有翼形态

1　李国新.汉画像砖造型艺术[M].开封:河南大学出版社，2010：18.
2　[晋]郭璞，注.山海经[M].上海:上海古籍出版社，1989：32-33.
3　山东博物馆.沂南北寨汉墓画像[M].北京:文物出版社，2015：125.
4　孔祥星.中国铜镜图典[M].北京:文物出版社，1992：268.
5　张道一.中国图案大系·第二册[M].济南:山东美术出版社，1993：581.

图 6　合江 14 号棺棺身右侧拓片

的白虎纹样（图 6）[1]，翼部细长，与青龙纹相对，
呈即将腾飞姿态。成语中就有"如虎添翼"的说法，
来自诸葛亮《心书·兵机》："将能执兵之权，操
兵之势，而临群下，臂如猛虎加之羽翼，而翱翔四
海。"意为强有力的人得到帮助就变得更加有力，
添翼白虎纹样的出现是古人对于白虎寓意的拓展，
使其成为一个能上天入地的猛将神灵，体现了人们
渴望驱凶纳吉的美好愿望。

　　青龙与白虎也常常成对出现，尤其是在西汉早
期及以前。在四神纹样体系还未完全构成与完善之
时，青龙、白虎常作为墓中守护神，以护墓主人死
后安宁。厉和民先生在《论青龙白虎》一文中认为
这与阴阳风水学说有关，若以道教的观点解释虽不
无道理，但显然是将龙虎与四神割裂开来。程万里
学者则认为龙虎图像是四神图像在西汉完整组合出
现以前的前身。[2]1978 年，曾侯乙墓中出土的龙虎
彩绘漆箱则很好地验证了他的观点。棺盖上有彩绘
的龙虎图纹，且辅以现存最早的完整的二十八宿名
称，故被认定为目前为止所发现的最早的青龙白虎
图，这显然是四神纹样"由二生四"的佐证；还有
山东邹城卧虎山 2 号墓石椁侧板，北侧板东端刻龙，
西端刻虎，正是左龙右虎的摆放规律（图 7）。[3]

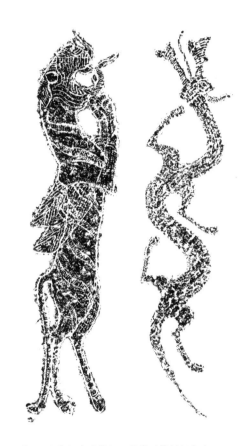

图 7　山东邹城卧虎山 2 号墓石椁侧板拓本

1　成都文物考古研究院，泸州市博物馆 . 四川泸州汉代画像石棺研究 [M]. 北京：文物出版社，2019：187.
2　程万里 . 汉画四神图像 [M]. 南京：东南大学出版社，2012：38-39.
3　山东博物馆 . 沂南北寨汉墓画像 [M]. 北京：文物出版社，2015：130.

图 8　石棺棺盖·青龙白虎衔璧图（四川郫县新胜场出土）

图 9　四川汉代画像石·龙虎鼎璧图

在汉代画像石兴起后，青龙白虎图仍频繁出现，且不再以单独守护姿态出现，多为互动组合形式，如青龙白虎衔璧图与龙虎鼎璧图（图8、图9）[1]，青龙白虎围玉抢夺嬉戏，仍严格以左龙右虎的方位刻画，姿态灵动，有"龙飞凤舞"之感，而玉本身具有辟邪的含义，使得其在含义上既继承了青龙白虎纹在方位上的守护意义，更有吉祥如意的精神寄托。

（三）朱雀纹

南方七宿成鸟形，掌管夏季，方位属前，五行为红，名为朱雀。[2]许慎《说文解字》云："凤之象也，鸿前麟后，蛇颈鱼尾，鹳颡鸳思，龙文虎背，燕颔鸡喙，五色备举。出于东方君子之国，翱翔四海之外，过崑崙，饮砥柱，濯羽弱水，莫宿风穴，则见天下大安宁。"[3]王充《论衡·初禀》中则有"文王当兴，赤雀适来，鱼跃鸟飞，武王偶见，非天使雀至、白鱼来也，吉物动飞而圣遇也。"[4]可见朱雀的祥瑞之意。自古以来，对于朱雀来源的解释通常有两种说法，其一是认为朱雀就是凤凰的别称，是属火的凤凰，如《梦溪笔谈》卷七："唯朱雀未知何物……

1　张道一.中国图案大系·第二册 [M].济南：山东美术出版社，1993：563-564.
2　李国新.汉画像砖造型艺术 [M].开封：河南大学出版社，2010：18.
3　汤可敬.说文解字今释：增订本3·卷四·鸟部 [M].上海：上海古籍出版社，2018：1670.
4　[汉] 王充.论衡·初禀 [M].上海：上海古籍出版社，2013：61.

图 10　合江 13 号棺前挡·朱雀纹

图 11　四川汉代画像石·朱雀纹、朱雀俯首图

或云，鸟即凤也，故谓之凤鸟。"[1]另一种说法则认为朱雀和凤凰本是两种灵物，凤比朱雀更早，后来由于凤和朱雀都以孔雀的造型为蓝图演变而使二者形象逐渐靠拢。笔者认为两种观点都不无道理，不论起源先后，二者在形制上近似，也都有吉祥之意，只是朱雀作为四神纹样之一，更带有守卫之功能，由于其常表示南方与前方的属性，在墓室画像砖中通常占据最突出的位置，[2]如 1996 年出土于合江县的 13 号画像石棺（图 10），[3]前挡刻有朱雀纹样，圆首，尖喙，双目圆睁，直视前方，身体较圆，双腿粗壮直立，[4]整体造型孔武有力，有威严之感。

朱雀纹亦有很多形象，除上文所提之外，更多为图 11 样式[5]。体态较为具象，以孔雀等鸟类为蓝本，与凤鸟很像。昂头展翅，两翼宽大，作欲飞之态，尾部多有三至四条颀长羽毛，头部亦有冠羽，有意气风发，气宇轩昂的气势。

（四）玄武纹

北方七宿成龟蛇同体形，掌管冬季，方位属后，五行为水，色黑，名为玄武。[6]这是学界内目前对何为玄武的普遍解释。《楚辞·远游》朱熹注："说曰：玄武，谓龟蛇。位在北方，故曰玄。身有鳞甲，故曰武。"[7]除了星宿与风水角度的解释，孙作云学者认为玄武的传说来

1　[北宋]沈括，包亦心.梦溪笔谈·卷七[M].沈阳：万卷出版公司，2019：90.

2　成都文物考古研究院，泸州市博物馆.四川泸州汉代画像石棺研究[M].北京：文物出版社，2019：203.

3　成都文物考古研究院，泸州市博物馆.四川泸州汉代画像石棺研究[M].北京：文物出版社，2019：65.

4　成都文物考古研究院，泸州市博物馆.四川泸州汉代画像石棺研究[M].北京：文物出版社，2019：177.

5　张道一.中国图案大系·第二册[M].济南：山东美术出版社，1993：566.

6　李国新.汉画像砖造型艺术[M].开封：河南大学出版社，2010：18.

7　朱熹注.楚辞集注·第五卷[M].北京：人民文学出版社，1953：6.

自于龟与蛇两个部族的异族通婚习俗，[1] 这在唐代对前代文字的注释中有迹可循，如唐代李善对张衡《思玄赋》中对"玄武"的注释是"龟与蛇交曰玄武"。而李贤对此的注释是"玄武谓龟蛇也"，[2] 都表明玄武为龟蛇相交的产物。玄武纹样的形成也有一个发展的过程，在汉早期纹样中，玄武的龟蛇相缠形态并不明显[3]（图12），更像单独的龟纹。而四川合江13号棺后挡上刻画的玄武纹则具有清晰的龟与蛇的特征，是较为典型的玄武纹样（图13）。[4]

（五）四神纹样方位总观

西汉之后，四神观念逐渐完善与普及，逐渐以四纹样的形式成组出现，多出现在墓葬中，有镇守四方、守护墓主、维护安宁之意。如济南长清区大街村画像石墓门楣（图14），左有蛟龙，右边为白虎，上为朱雀，下为玄武，[5] 以上下左右表东南西北四方。除墓室内部装饰外，也有直接在棺椁上雕刻的四神纹，如泸县牛石函崖墓画像崖棺，就是以棺椁四周为四方，前挡雕

图12　河南南阳汉代画像砖·玄武纹

图13　合江13号棺·玄武纹

图14　济南长清区大村街画像石墓门楣拓本

1　孙作云.敦煌画中的神怪画 [J].考古，1960（6）：25.
2　[南朝]范晔.后汉书·张衡传 [M].北京：中华书局，1965：1929.
3　张道一.中国图案大系·第二册 [M].济南：山东美术出版社，1993：602.
4　成都文物考古研究院、泸州市博物馆.四川泸州汉代画像石棺研究 [M].北京：文物出版社，2019：66.
5　山东博物馆.沂南北寨汉墓画像 [M].北京：文物出版社，2015：127.

图 15　合江 14 号棺前挡拓片

图 16　合江 14 号棺左右两侧

朱雀衔珠图（图 15），左右分为青龙纹与白虎纹，后挡为玄武。前挡朱雀长喙衔珠，长尾高翘，展翅上扬，呈挺胸姿态。[1]棺椁两侧为傍地的青龙白虎纹（图 16），仍旧以左龙右虎的方位规律雕刻，可见四神观念的完整性逐步体现。这不仅表明四神纹在画像石艺术中的流行，更将其与墓葬艺术联系在一起，其意义得到进一步的升华。

三、起落沉浮，千年延绵——四神纹形制特征演变

随着不同时代不同背景的变迁，四神纹样的形制特征也在不断变化，且朝代不同，所依附的器物也有所差异，除画像石画像砖外，还有铜镜，铜器等。不同的器物承载着不同的内涵与意义，也代表了一个时代的形象与风格。

（一）两汉时期，流畅奔放

两汉时期，画像石兴起，四神纹样体系也是在此时期正式产生并广泛流行。武帝以前，西汉实行休养生息政策，经济复苏，国力的恢复亦带动生产力及社会的物质文化生活与思想

1　成都文物考古研究院、泸州市博物馆.四川泸州汉代画像石棺研究 [M].北京：文物出版社，2019：185.

图 17　汉代玄武纹（河南南阳出土）

的变化，人们对巫术、祭祀的重视程度减小，转而着眼于人本身的幸福，五行学说的兴起更代表人们对天地自然的看法更加物质化，蒋英炬学者认为这是对"天"的宗教神学观的否定，是人本思想的体现，[1] 这也是汉代厚葬之风兴起的原因之一。在这样的背景下，墓葬习俗与墓葬艺术也得到了丰富的发展，而四神纹作为阴阳五行学说的一种艺术表现，大量出现在画像石墓中，纹样在形制上继承了春秋时期自由活泼的特点，更有各种云纹及变体云纹的大量应用。如河南南阳地区出土的汉代玄武纹[2]（图 17），两只玄武对称分布，龟蛇两首相对咆哮，蛇身柔软飘逸，两边为扬蹄欲飞的鹿，周边辅以云纹与云气纹填充，有缥缈的仙境之感，寄托主人对往生世界的美好向往。亦有东汉时期南阳十里铺汉墓出土的墓顶盖顶石，上部刻朱雀昂首站立，中间左为青龙，右为白虎，背景装饰云气纹，右侧为月轮[3]，青龙白虎好似踏月而来，形态流畅奔放，颇给人浪漫灵动的感受（图 18）。

　　除此之外，四神纹还常用于墓室辅首，即大门衔环上的一种底座，与门环交叠在一起，被称为"俯首衔环。"[4] 此时四神纹便作为门神被赋予了守卫之意，希望死后之所长期安宁。如河南许昌出土的西汉时期四灵辅首画像砖（图 19），上部为东方之青龙，下方依次为白虎与朱雀，虽然画像砖正面无北方玄武形象，但背面刻有玄龟，这是对汉代人们宇宙观念的一次较为完整的体现。[5]纹样中的神兽形象总体舒展纤长，呈曲线形自上而下，如云纹流动般顺畅，形成具有灵秀之气的独特风格。

　　综上，两汉时期的四神纹样已经逐渐形成完整的观念体系，继承并发扬了春秋后期万物自由活泼的风格特点，亦表达了汉人对想象中的缥缈仙界寄予的美好想象，对死后幸福的寄托。

1　蒋英炬.关于汉画像石产生背景与艺术功能的思考[J].考古，1998（11）：93.
2　黄能馥，陈娟娟.中国历代装饰纹样[M].北京：中国旅游出版社，1999：463.
3　凌皆兵，朱青生.汉画总录16：南阳[M].桂林：广西师范大学出版社，2013：49.
4　程万里.汉画四神图像[M].南京：东南大学出版社，2012：185.
5　王琳.金伯兴题记经典砖拓二百品[M].天津：天津古籍出版社，2009：140.

图18　四神纹盖顶石(南阳十里铺汉墓出土)　　　　图19　西汉时期四灵辅首画像砖(河南许昌出土)

(二)魏晋时期，威严守卫

魏晋时期，社会不如汉代稳定，战乱频繁，朝代与国家更迭快，四神的守卫祈福功能就更加凸显，汉代时期优美流畅的风格便有所减弱，而在雕刻技法上，不同于汉代画像石与瓦当，魏晋时期的工艺多以阴线刻为主，采用平面剔地阳刻加阴刻的雕刻技法，[1]故在风格上更显复杂厚重。如北周时期陕西咸阳石棺前后挡的朱雀与玄武纹(图20、图21)，[2]虽仍是较为经典的朱雀展翅、龟蛇相对的造型，但纹样更加繁复，细节更加丰富，身形与足部都更为矫健雄壮，无云纹填地，只有少数点缀，整体风格上便更给人以威武凶猛之感。

除阴刻线条的风格外，也有在石壁上直接雕刻的技法，更能够看出纹样风格的演变。北魏时期河南洛阳石棺床上刻有白虎、朱雀等神兽(图22)[3]，四肢皆落地，呈站立行走姿态，动势与体态稳健，四周有云纹与卷草纹，但形态与汉代相比明显圆润浑厚，缺少轻盈缥缈之气，整体风格向丰满敦厚转变。这也与当时的社会情况有关，军阀割据，兵戈不息，虽然两汉时期的厚葬之风因此而有所衰弱，但整体仍保有着此类习俗，将四神纹镌刻在棺椁四周，有"守卫四方"的意义，寄托了墓主人渴望安眠，不被乱世鬼神所侵扰的期望。

1　高文.中国画像石棺全集[M].太原:三晋出版社，2011:445.

2　高文.中国画像石棺全集[M].太原:三晋出版社，2011:501.

3　高文.中国画像石棺全集[M].太原:三晋出版社，2011:478.

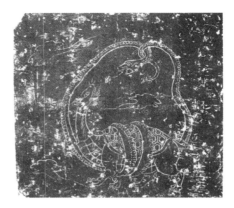

图 20　陕西咸阳石棺前挡朱雀纹　　　　　　图 21　陕西咸阳石棺后挡玄武纹

图 22　北魏时期河南洛阳石棺床白虎、朱雀纹

（三）隋唐时期，万象兴盛

随着大一统王朝的再次确立，社会稳定又获得了极大保证，在经济发达对外交流频繁的隋唐，四神纹样也得到了发展与创新，呈现出与从前不同的风格形态，如陕西三原李和石棺后挡玄武纹，主体部分中上端以蛇缠龟，玄武上方绘有朱雀，中下部有大面积水波纹与云纹，好似神兽在波涛中前进[1]。玄武龟身部分花纹繁复，似漩涡纹或云雷纹，朱雀羽翼刻画精致，填地纹样亦细腻缜密，且棺壁上下皆有阴线刻制的花纹（图 23）。再有石棺前挡绘双朱雀，左右各刻一武士，门栏下刻牛、虎等兽头（图 24）[2]，由此可以分析得出，此时的四神纹已经脱离了汉代时期仅以单体出现的形式，多与其他外来纹样进行结合与装饰，这与唐朝空前开放与包容的环境有关，文化的融合给予了四神纹更丰富的形式和内涵，从单一的，具有明确功能性的守护纹样逐渐成为具有更强装饰性的艺术纹样。

1　高文 . 中国画像石棺全集 [M]. 太原：三晋出版社，2011：514.
2　高文 . 中国画像石棺全集 [M]. 太原：三晋出版社，2011：515.

图 23　陕西三原李和石棺玄武纹　　　　　　　　　图 24　陕西三原李和石棺朱雀纹

（四）宋辽以后，形制式微

到了宋代，受文治制度的影响，士大夫逐渐在统治阶层掌握话语权，文人志趣兴起，社会风气和审美标准相较于唐代都有很大转变；此外，理学的兴起，封建礼教的加强都让葬仪制度有了既定的标准，"厚葬之风"渐渐被压制，而随画像石而起，在墓葬艺术中占有很大比重的四神纹也随着汉画艺术的衰落而逐渐形制式微，特别是在明清之后，由于工艺美术逐渐转向程式化、具象化甚至产品化的风格，更鲜少能看到四神纹的出现，只有元朝前还有部分出土史料可以考证。如辽代喀左县小型画像石棺上雕刻的青龙纹（图 25）[1]，虽然雕琢较为粗糙，又有些许恢复了唐以前的流动飘逸之感，龙鳞、龙角等细节刻画丰富，整体呈傍地姿态；而喀左县烂泥塘子村画像石棺白虎纹（图 26）[2]，则彻底失去了从前栩栩如生、欲飞冲天的动作与神态，仅保留虎的形态特征，站立不动，虽然上方有花纹辅助装饰，亦不能中和其呆板不动的动势。至此，四神纹逐渐失去了其本有的生机勃勃之感，成为墓室中一种程式化的纹样，并逐渐消亡。

1　宋晓珂. 朝阳辽代画像石刻 [M]. 北京：学苑出版社，2008：59.

2　宋晓珂. 朝阳辽代画像石刻 [M]. 北京：学苑出版社，2008：65.

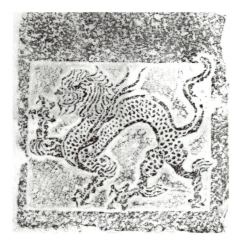

图 25　喀左县小型画像石棺青龙纹　　　　　　　图 26　喀左县烂泥塘子村画像石棺白虎纹

四、文化意涵

四神纹样自古代"四方"观念产生，汉唐盛行，再到宋辽后形制式微没落，其发展过程虽然历经波折，但其表达的文化意涵在整个四神体系中变化不大，这主要是由于古人思维形式自四方观念形成时就已经相对成熟与固定，程万里学者说："古人思维的形式是直接用物象来进行的，四神图像的方位含义便是这一特征的最好体现……但是到了汉代，却与阴阳五行八卦等逐步完成了融合，并构成了汉代人的基本知识体系。"[1]这更表明四神纹样意涵稳定的原因。

关于其蕴含的内容，主要可以归纳为以下三个方面：

（一）对自然天地的敬仰

根据前文"四神纹起源"一章的论述，四方观念的产生在于古人对于"天"的崇拜，四神与四方观念的融合统一，则是古人用物象表达思维的典型案例之一，古代天文学也由此发展而来，而四神纹作为古人对于二十八星宿观测归纳而总结创造出的产物，除了拥有一定的科学意义外，更多的则是象征意义。换言之，四神纹虽产生于客观自然的世界，但其本质还是一种具有强烈主观色彩的纹样，这是其与其他种类吉祥纹样的相同之处。依据为在以四神纹为基础的汉画星象图中，多数并没有星象出现，更多的则是以动物形象代替本该是主体的日、月、星。如陕西西安交通大学附小壁画墓[2]，主室顶部两同心圆之间以青龙、白虎、朱雀、蛇

1　程万里.汉画四神图像[M].南京：东南大学出版社，2012：174.

2　山西考古研究所，西安交通大学.西安交通大学西汉壁画墓发掘简报[J].考古与文物，1990（4）：57-63.

四方神灵定位，绘出各种星宿，并用人物和多种动物填充其间，表现的是二十八星宿天象图。[1]这具有更浓厚的装饰性，除体现汉代天文学发展状况外，也具有一定的艺术价值。而四川郫县新胜2、3号砖墓室1号石棺盖顶的龙虎衔璧图[2]中出现的牛郎织女图亦能说明古人在星象图中发挥的非凡想象力，在图中，牛郎织女与龙虎相对，相互眺望，其中除了有古人对于牛郎织女星的客观描绘外，这样的形象绘制也表明此时的牛郎织女已有人格化倾向，产生爱情的设定元素。

综上可见，四神纹样的不仅能够反映中国古代天文观测的发展水平，更具有深层次的人为创造价值，除了青龙、白虎、朱雀、玄武四种代表阴阳五行的基本动物形象外，亦有与神话人物、蟾、兔等其他动物相结合的痕迹。《易·系辞上》云："天垂象，见吉凶，圣人象之。"[3]，说明了古人很早就有了将天象与人间吉凶相关联的意识，故这些具有美好意义的形象与元素，无一不是古人基于天文观测，对于自然天地的美好想象，带有强烈的神话色彩，饱含了人们对于祥瑞天象，风调雨顺的强烈祈求。

（二）墓葬文化的影响

由各地出土文物情况可知，四神纹大量出现在汉画像石、汉铜镜、唐代墓志中，这些纹样载体都表明四神纹与墓葬文化的紧密关联。这不可能只是为了反映天象，更多的是为了"使死者在冥界享受快乐，步入仙界，同时使生者得到庇护，保佑子孙平安昌盛。"[4]这是古代墓葬文化的体现。汉唐时期，厚葬之风盛行，其根本原因还在于此时期经济发达，国泰民安，人们不满足于现世的幸福，开始将眼光投至死后世界；魏晋等时期，社会虽然稳定不足，但也促使着乱世中的人们将希望寄托于死后或来世，这些都体现在墓葬形制与结构的变化，墓室布置开始向生活化方向转变，人类日常生活的衣食住行等象征之物无一不可纳入墓葬之中[5]，以便让死者在死后依然能够享受生前的富足生活。而正因如此，就像房屋需要镇宅之物以求平安，带有反映天象的祥瑞意义，以及阴阳五行宏大世界观的四神纹便成了阴宅的守护者，其蕴含的强烈的四方观念用于震慑墓室四方、保护墓室风水再合适不过。在此时，四神纹不仅仅是表达现实世界中吉祥天象的媒介，更是墓葬文化中地下世界驱邪避凶的守护神，帮助死者前往仙界的升仙工具，具有实用价值。这种墓葬文化也在一定程度上表明人本思想的萌芽与发展——对"天"的崇拜更多的是由于农耕文明下对风调雨顺的祈求，而非商周时期宗教巫术式的祭祀，人们将视角逐步转向自身生前身后的物质生活，在这个角度上，四神纹的象征意义本身就是人本思想的产物，是人们对于客观物质世界的科学反映。

---

1 程万里.汉画四神图像[M].南京：东南大学出版社，2012：187.

2 梁文骏.四川郫县东汉砖墓的石棺画像[J].考古，1978（6）：495-503.

3 黄寿祺，张善文.周易译注[M].上海：上海古籍出版社，1989：536.

4 程万里.汉画四神图像[M].南京：东南大学出版社，2012：174.

5 蒋英炬.关于画像石产生背景与艺术功能的思考[J].考古，1998（11）：91.

（三）对维护统治的作用

虽然四神纹的内涵具有一定的人文色彩，但在封建社会中，仍然不免作为维护皇权与巩固统治的工具。汉代学者董仲舒曾提出"天人感应"的学说，云："帝王之将兴也，其美祥亦先见。"[1]表明帝王与祥瑞的关系，确立帝王的优先地位。还有"灾异之本，尽生于国家之失。国家之失乃始萌芽，而天出灾害以谴告之；谴告之而不知变，乃见怪异以惊骇之；惊骇之尚不知畏恐，其殃咎乃至。"[2]自古以来，皇帝都被称为"天子"，是现实与天界联系的纽带，从董仲舒的祥瑞灾异说开始，儒家思想已经成为中国主流统治思想，致力为中央集权与皇权专制提供理论依据。四神纹产生于部落图腾，其王权统治意义具有历史渊源，加之四方观念的注入，赋予四神纹样更加宏大的自然观、宇宙观，这与帝王统治天下的目的不谋而合。这种集天、星宿、四方、四时、吉祥瑞兽于一体的纹样体系，高度符合封建统治者为自己树立的天子形象。如《春秋左传》："鳞凤五灵，王者之嘉瑞也。"[3]就证明了这一观点。这赋予了四神纹更高层次的意义，将原本的天象祥瑞之意与统治阶级结合起来，具有强烈的政治色彩。

综上，在物质层面，古代天文观与四方观既是纹样缘起的原因，也赋予了其最初始的内涵，表达人们对天地宇宙的敬仰；而在人文层面，墓葬文化的兴起与墓葬之风的盛行赋予了其人本思想与阴阳五行的观念，而在天人感应学说中与政治统治的结合，则是其在宗法意识中的现实意义。产生于天地自然，发展于人类活动，这既是四神纹样产生发展的过程，也是中国传统纹样产生发展的规律。

五、结论

四神纹样产生于古人对四方观念的物化，盛行于墓葬文化的发展与人们对厚葬之风的推崇，又因政治、文化所导致的社会风气演变而逐渐消亡。这种因自然天地诞生，随社会而变革的演变流程是中国纹样发展的典型历程。从两汉时期画像石兴起，四神纹样形制丰富流畅奔放，到魏晋南北朝时期由于社会相对动荡而形成的威严守卫之风，再到唐朝空前繁荣包容风气下装饰风格的丰富，到宋辽后形制式微，虽然历经动荡波折，且纹样形制消亡较早，但却体现了古人在天文地理等方面已然形成的较为完整的理论体系。四神文化亦在后来融入道教，成为其不可或缺的思想之一。

---

1 ［汉］董仲舒.春秋繁露［M］.［清］凌曙，注.北京：中华书局，1976：445.

2 ［汉］董仲舒.春秋繁露［M］.［清］凌曙，注.北京：中华书局，1976：54.

3 ［晋］杜预灯，注.春秋三传［M］.上海：上海古籍出版社，1987：2.

寒木春华——探索汉代画像石中的神树图案

陈楚仪

摘要：中国古代，树象征着不老不死，与汉代仙道思想中的长生不老观念相契合，因此在汉代画像石中神树图案屡见不鲜。本文以汉画像石中的神树图案为研究对象，分析其历史演变，对其分类阐述，整理性质特征，探索汉画像石中的神树图案演变与汉人思想表达的关系及其文化内涵。

关键词：汉代画像石；中国神树；神树图案；《山海经》

一、绪论

画像石是中国古代工艺美术中重要的一抹印记，主要服务于丧葬礼俗活动，在汉代厚葬成风的背景下发展达到鼎盛，具有极强的时代特色和民族文化内涵。汉代画像石的内容丰富，有神话传说、历史故事、民俗生活等。因树自古象征着不老不死，契合汉代仙道思想中追求长生不老的观念，神树图案自然成为汉画像石中重要的话题。

神树崇拜在世界各民族文化艺术之中均有出现，不论是古埃及的无花果树、亚述的棕榈树、古希腊罗马的橡树、佛教的菩提树等，都能够看到树对人类早期精神文明的影响。中国也不例外，四川三星堆的青铜神树、春秋战国时期的方位树图案等，都是古人崇拜神树的有力证明；中国神话传说也屡屡提及神树，如《山海经》中"建木""扶桑""若木"等；到了汉代，神树图案在各文明、思想的影响下，逐渐演变为"仙树""瑞树"等，从形态特征到寓意内涵均产生了变化，成为汉人在丧葬文化中祈愿的重要媒介。

探索汉画像石中的神树图案之源有助于我们更好研究汉人的思想演变与艺术特色。

二、异木奇花——神树定义

本文所研究的汉代画像石中的神树图案，指的是广义的神树图案。

狭义的神树图案只涵盖中国早期神话传说中的神树，广义的神树图案更加宽泛，其包含：

（1）受汉代神仙思想影响，而从神树逐渐演变成具有汉代特色的仙树；

（2）世俗化的、被赋予祥瑞寓意或谶纬含义的瑞树；

（3）中国上古流传至秦汉的、神话传说中的神树；

（4）在中外文化交流中，以本国文化为核心、融合西方生命树特点而形成的圣树等。

神树图案既有装饰性，更具功能性，包含崇拜、信仰、祈愿等寓意，反映了时人的精神、物质需求。

三、继往开来——历史演变

（一）先秦时期

树形纹样最早出现在新石器时代的陶罐上。[1]人类敬仰树木的高大、生命力旺盛、硕果累累，许多少数民族都有以树为载体的习俗，如满族的世界树、维吾尔族松柏、苗族枫树等，可见树在巫术崇拜中占据重要位置。

商周时期宗教观念增强，人们赋予树木宗教的含义。他们相信树即社神，因此社祭之处必植树，不同地区的植树品种各异。此外，墓上植树的习俗也逐渐传开。

中国的神话传说很早便出现宇宙树、神树的影子，《山海经》中提到的"太阳神树"扶桑树、"通天神树"建木、若木等，在当时就是重要的崇拜对象。西南地区皆受到巴蜀仙道巫术文化的影响，将神树视作可以沟通天地、定位四方的工具，制造出许多树形物品用于墓葬祭祀，例如四川广汉三星堆祭祀坑出土的青铜神树。

春秋战国至秦汉时期的瓦当中出现了神树装饰图案，两侧枝叶以树干为中心对称展开，形似夔纹[2]；该时期有些青铜镜也将方位树图案绘于四角；春秋战国时期织物上已出现树纹图案，至汉代更加成熟，湖南长沙汉马王堆1号汉墓出土的帛画右上方有缠枝状的扶桑树图案。

除了桑梓松柏，辟邪的桃木与不死的桂树等也以不同形式出现在中国神树文化中，如墓葬中出土的桃木俑是桃人形化的代表。

（二）西汉时期

汉代建立之初的百年间，社会稳定，经济、文化发展迅速。道教的普及使得神仙思想盛行，百姓追求长生不老，汉武帝也曾下令求仙。蓬莱、昆仑神话中常出现不死树，《淮南子》载有"……珠树、玉树、璇树、不死树在其西……"[3]这与当时汉人所追求的长生不死、得道成仙思想不

1　张晓霞.漫谈中国古代丝绸上的树纹 [J].丝绸，2010（6）：45.

2　李新全.秦神树纹瓦当考 [J].考古，2014（8）：103.

3　[汉]刘安.淮南子集释·卷四地形训 [M].北京：中华书局，1998：323.

谋而合。在这思潮的影响下，先秦的蓬莱、昆仑神话便在汉代流行起来，而上古传说中的扶桑、建木也在汉代时期与蓬莱、昆仑仙树融合，演变为新的神树形式，产生新的寓意。

除了沿用上古神树造型，汉画像石中的神树图案也从其他文化中吸收了不同风格。汉武帝时期丝绸之路通行，中西文化、技术、思想交流频繁，神树图案逐步发展。汉代工匠们将现实生活中树的形象绘入画像石中，又加入了自身的想法，提炼出符号化的神树形象。

考据大量的汉代画像石后可以发现，神树图案主要出现在西汉中期至东汉晚期。

西汉至东汉早期多以常青树为神树图案原型。不同地区的神树图案各具特色：河南地区的神树图案以常青树为主，集中出现在西汉中期至东汉早期；江苏、山东地区在两汉期间均出现常青树、连理木；陕西地区的神树图案扭曲缠绕，更似仙草等。

西汉画像石中的树纹以仙树图案为主。西汉中后期，随着昆仑神话逐渐取得主导地位，仙境主题成为汉画像石的热门题材，仙树出现频率也随之增加。[1]仙境主题内容包括仙境入口、引导成仙和西王母仙境图。仙境入口常绘制常青树，有时搭配玉璧或铺首纹以作辟邪用；引导成仙图常见楼阁迎谒等内容，常青树或连理木等图案，常与鸟搭配绘制；西王母仙境图中的仙树可以单独出现，也可和玉兔、仙人、西王母搭配出现。

（三）东汉时期

东汉时期谶纬迷信流行，儒学逐渐宗教化和神学化，西汉时期的成仙风气与世俗的祥瑞思想融合。

东汉画像石中的常青树图案逐渐减少，连理木成为主要的神树形象，尤其是山东地区，经常将其绘入仙境图、树下射鸟图中。陕西地区有许多建木托举西王母的仙境图案。东汉中后期，以四川为主的西南地区出现大量钱树图案。此外还能见到立冠桂树。

东汉画像石中的树纹以瑞树图案为主。西王母仙境图盛行，成为仙境题材的重要主题。以连理木为主的树下射鸟图，从先秦的祭祀祈福逐渐演变成"实现愿望"的象征性图案，常与其他题材搭配出现，广受百姓欢迎。

（四）汉代之后

画像石中的神树图案逐渐减少，但在其他工艺品中仍有出现。神树图案从抽象的符号装饰演变为具象的写实艺术。

魏晋至唐代的中外交流更加频繁，神树图案逐渐"胡"化，树木品种也多样化，如石榴树、葡萄树、三枝树等[2]，或成为次要装饰，或演变成为植物花草纹，如忍冬纹便是由神树图案演变而来的。[3]唐宋以后，神树图案逐渐被写实树纹取代，隐藏在历史的巨流中。

1　刘芊．中国神树图像设计研究 [D].苏州：苏州大学，2014：760.

2　刘芊．中国神树图像设计研究 [D].苏州：苏州大学，2014：117.

3　诸葛铠．"忍冬纹"与"生命之树" [J].民族艺术，2007（2）：90.

四、承嬗离合——形制特征

汉画像石中神树图案的样式众多，在河南、山东、陕西、山西、四川、江苏、安徽等地的汉代画像石中均有出现，且具地域特色。本文从神树图案的源流、用途来分类阐述，将其主要分为：仙树、瑞树、神树、圣树。因图案在发展过程中相互交织、相互影响，这四大类型下的树木品种有一定交织重叠。

（一）仙树

仙树主要指先秦时期流传至汉代的神树，受汉代神仙思想影响，而从神树逐渐演变成具有汉代特色的仙树图案。它是汉人追求长生不老的思潮中，视觉化体现的典型代表。仙树多作为死后人们升仙的引导树和仙境中的不死树，有时会融合瑞树的吉祥寓意，绘制在画像石中。常见品种有常青树、连理木、钱树和三株树。

1. 常青树

常青树又名甘木或不死树，是神话传说中的一种树。《山海经·大荒南经》有载："有不死之国，阿姓，甘木是食。"其中，郭璞有注："有员丘山，上有不死树，食之乃寿。亦有赤泉，饮之不老""甘木即不死树"。[1]《淮南子》曰："昆仑山有曾城九重，高万一千里，上有不死树在其西"[2]。可见，常青树可使人长生不死，亦可使死者复活，它生于西方昆仑，即西王母所居处。

常青树的分枝向上斜伸且对称刻于主干左右。有些树冠呈三角形，树冠边缘平直或呈弧形，树冠底部呈桃心状或弧形；还有些树冠呈梯形、菱形等[3]。

常青树常出现在墓口辟邪、引导入仙、西王母仙境图的题材中，多与建筑搭配。常见构图（表1）包括：社坛 + 树（坛壁有纹饰）[4]、树上栖鸟、建筑（内部可有人）+ 对树、树于中轴 + 对阙、对阙 + 对树、树于中轴 + 对兽、屋顶对树 + 对鸟、对阙 + 对树 + 玉佩或铺首纹、蓬莱三仙山 + 对树等（图1～图6）。

2. 连理木

连理树是汉代画像石中最常见的神树类型之一，在东汉时期大量出现。

根据《肇论校释·肇论集解令模钞·卷下》记载："木连理者，仁木也。异本同枝，傍出，上还合也。"[5]陆贽在《答百寮贺利州连理木表》中记："木连理，王者德化洽八方，合为一家，则木连理……德至于草木，则木连理……连理者，仁木也，或异枝还合，或两树共合。"[6]

---

1 郭世谦.山海经考释[M].天津：天津古籍出版社，2011：662.

2 ［南朝宋］范晔.后汉书·卷五十九张衡列传第四十九[M].北京：中华书局，1965：1932.

3 刘芊.中国神树图像设计研究[D].苏州：苏州大学，2014：97.

4 郑同修.汉画像中"常青树"类刻画与汉代社祭[J].东南文化，1997（4）：56.

5 ［东晋］僧肇.肇论校释·肇论集解令模钞.卷下[M].北京：中华书局，2010：327.

6 ［唐］陆贽.陆贽集·卷六制诰·答百寮贺利州连理木表[M].北京：中华书局，2006：205.

表 1　常青树常见构图

构图	案例
社坛 + 树（坛壁有纹饰）	 图1　常青树，陕西绥德出土
树上栖鸟	 图2　山东滕州出土（西汉，滕州市博物馆藏）
建筑（内部可有人）+ 对树	 图3　山东枣庄出土（西汉，枣庄市博物馆藏）
树于中轴 + 对阙	如郑州汉画像砖
对阙 + 对树	 图4　厅堂铺首衔环画像石，河南唐河出土（西汉，河南省南阳汉画馆藏）
树于中轴 + 对兽	如章丘平陵城的汉代空心砖残块，两侧为右青龙、左白虎。 青龙、白虎属汉代四大方位神。

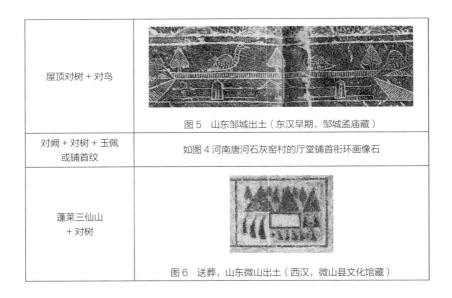

屋顶对树 + 对鸟	图5　山东邹城出土（东汉早期，邹城孟庙藏）
对阙 + 对树 + 玉佩 或铺首纹	如图4河南唐河石灰窑村的厅堂铺首衔环画像石
蓬莱三仙山 + 对树	图6　送葬，山东微山出土（西汉，微山县文化馆藏）

后人总结连理木一般分为两种：一种是由单株树的枝或根缠绕在一起形成的，另一种是两棵树的枝或根缠绕在一起形成的。

从汉画像石实物来看，连理木的枝头多绘有叶子。不同地区的连理木各具特色：山东地区的连理木较为典型，树干顶端规则对称分化出多个枝条，呈相互缠绕形态，树枝末梢为橄榄状或银杏叶状/桑叶状树叶、棕榈树状（图7上中的山东临沂画像石）等；陕西地区的连理木多呈不规则缠绕状，树枝末梢为棕榈状的树叶（图7下右的陕西绥德画像），有时也出现灯状"树叶"（图7上右的陕西绥德画像），形似汉代多枝灯造型，整体躯干扭转，具有云气纹的灵动与韵味；此外还有一些其他形状的连理木（图7）。

连理木常出现在引导升仙、西王母仙境图、树木射鸟图等题材中。常见构图包括：树下立人（图7）、树下对兽（图8）、树木射鸟（图8）、树上立鸟/神仙（图8）、树下系车/马（图9）等。

3. 钱树

俗称"摇钱树"，汉魏时期特有的随葬器物，兴盛于东汉时期，魏晋时期迅速衰弱消失，出现时间短，出土范围仅限以四川为主的西南地区。

学者张茂华考据得出，摇钱树可能象征助墓主升天的仙树，树上的"钱"还代表着星辰，"摇钱树"改称"升仙树"更恰当[1]；学者林向补充，钱树多为提供升天的天梯，财富的祈求为次要[2]。这是西南地区人民祈求升仙的常用葬品。

1　张茂华."摇钱树"的定名、起源和类型问题探讨[J].四川文物，2002（1）：26.
2　林向.我国西南地区出土的汉魏青铜树——"柱铢"[J].考古与文物，2008（2）：76.

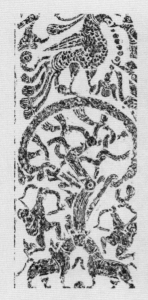  

山东邹城出土 　　　　　　　　山东临沂市白庄出土 　　　　　　　陕西绥德四十里铺墓门右立柱画像
（东汉晚，邹城孟庙藏） 　　　　（东汉，临沂市博物馆藏） 　　　　（东汉，绥德县博物馆）

山东滕州出土（东汉中期，滕州市博物馆藏） 　　　　江苏铜山出土（东汉，徐州汉画像石艺术馆藏）

陕西绥德王德元墓室西壁门左右立柱画像（东汉，北京中国历史博物馆藏）

图7　不规则缠绕的连理木

表 2　连理木常见构图

构图	案例
树下对兽	 图 8　山东微山两城汉画像石（东汉，曲阜孔庙藏）
树下系车 / 马	 图 9　山东嘉祥（东汉）
树木射鸟	如图 8 山东微山两城汉画像石，东汉
树上立鸟 / 神仙	如图 8 山东微山两城汉画像石，东汉
树下立人	如图 7 下左山东滕州，东汉

　　川西地区的钱树多为立体的工艺美术，造型可能源于三星堆青铜神树。四川简阳鬼头山东汉崖墓壁画像中，日月神下有三枝树，旁题"柱铢"，这是钱树的古称[1]。徐州地区画像石也可见到钱树图案，如徐州青山泉白集东汉画像石墓，右侧上方的钱树，树下有人作祈告状，树顶有飞鸟[2]。

　　钱树主要由铜制的树枝干、陶或石制的树座组成。枝干上铸有神仙、瑞兽、方孔钱等。树上的装饰常见西王母主题，东汉末期逐渐被佛像取代。

1　林向 . 四川西南山地盐源盆地出土的战国秦汉青铜树 [J]. 华夏考古，2001（3）：74.
2　张学涛 . 徐州汉画像石中瑞树图像研究 [J]. 文物世界，2012（4）：28.

图10　陕西绥德四十里铺墓门，右立柱画像

4. 三株树

《山海经·海外南经》记载："三株树在厌火北，生赤水上。其为树如柏，叶皆为珠。一曰其为树若彗。"[1]三株树似柏树，叶片如珍珠，也有人称此树如彗星般。《说日篇》有记："海外西南有珠树焉……"吴任臣广注曰："三株通作三珠"[2]，可推测"三株树"中的"三"为"多"之意，三株树指有着许多珍珠状树叶的神树。

根据学者汤池的考据，可以推断出陕西绥德四十里铺出土的汉画像石中所描绘的是三株树（图10）[3]。

（二）瑞树

其主要指先秦时期流传至汉代的神树图案，受到谶纬迷信、民俗艺术影响下，演变成具有吉祥寓意的瑞树。主要出现在西汉晚期至东汉晚期，它是汉人在物质相对满足的社会前提下，注重更高生活质量、精神追求的体现，蕴含了时人对生活的美好愿景。瑞树多出现在树木射鸟图、西王母仙境图等题材中。常见品种有连理木、桂树和钱树等。

1. 连理木

出现连理木图案的主题丰富，作为瑞树祈求吉祥寓意时，主要有树木射鸟图和树下系马图。

树木射鸟图的构图为一棵树上有数只鸟在栖息或飞行，树下有人持弓射鸟。鸟即雀，"雀"通"爵"，"射雀"即"射爵"。最早"射爵"图出现在山东、四川、陕西、安徽、河南等

1　［晋］郭璞，［清］郝懿行.山海经笺疏·第六海外南经 [M].济南：齐鲁书社，2010：4889.
2　［汉］王充.论衡校释·卷第十一·说日篇 [M].北京：中华书局，1990：511.
3　汤池.释郫县东汉画像西王母图中的三珠树 [J].考古，1980（6）：571.

地的汉画像石上；而后树上出现了猴，即"射爵射侯"图（图 8），学者推测"射侯"体现汉人做官的理想，这一主题是古代巫射传统到世俗文化的演变。[1]

树下系马图的构图即神树下系马。其寓意有几种猜测，一是指墓主人到达仙界，二是指扶桑树下系神马，可留住太阳，使人长生不老[2]。

2. 月中神桂

桂树在汉画像石中出现的频率较低，集中在天象图、社稷图等题材中。常见构图包括：树上栖鸟、与捣药兔 / 蟾蜍 / 月亮搭配。

起初桂树是玉兔捣药神话中的神树，与月搭配绘于天象图中。西汉时期，桂树图案较少出现，在东汉时期逐渐成为月亮与长生的代表，出现频率增加。

此外，桂树还作为社树出现，如和林格尔小板申 M1 后室北壁的立官桂，象征着地方豪右掌控当地社神的特权[3]。

3. 钱树

除了仙界主题的钱树，以生活场景为主的钱树也常出现。它代表墓主人死后有取之不尽的财富，是民间世俗化的美好祈愿，多出现于中下层的小墓室中，做工相对粗糙。

（三）神树

其主要指中国上古流传至秦汉的、神话传说或祭祀崇拜中的神树图案。它是匠人在汉代社会背景下，对上古神树图案基于前人记录与描绘的再创造。神树继承了先秦时期的崇拜、祭祀、辟邪等功能，多出现在西王母仙境图、墓门图中。常见品种有扶桑树、建木、社树、辟邪树和方位树。

1. 太阳神树——扶桑树

扶桑，又名扶木。《山海经·海外东经》有载："汤谷上有扶桑，十日所浴，在黑齿北。居水中，有大木，九日居下枝，一日居上枝。"[4]《山海经·大荒东经》记："大荒之中，有山名曰孽摇頵羝。上有扶木，柱三百里，其叶如芥，有谷曰温源谷（即汤谷）。汤谷上有扶木，一日方至，一日方出，皆载于乌。"扶桑树上有日（即三足乌），可见树上栖鸟图是扶桑的演变构图形式之一。

先秦时期盛行的太阳神树扶桑，被蓬莱、昆仑传说赋予了新的寓意，在汉代逐渐融入仙境主题中，演变为新的神树形式，在画像石的连理木、建木图案中可以探寻到其影子。东方朔《十洲记》曰："扶桑在碧海中，叶似桑，树长数千丈，大二千围，两两同根，更相依倚，

1 刘芊 ."巫射"文化语境中的曾侯乙墓漆箱"树木射鸟图"内涵再审视 [J]. 装饰，2013：21.

2 张学涛 . 徐州汉画像石中瑞树图像研究 [J]. 文物世界，2012（4）：30.

3 俞伟超 . 东汉佛教图像考 [J]. 文物，1980（5）：76.

4 ［晋］郭璞，［清］郝懿行 . 山海经笺疏·第九海外东经 [M]. 山东：齐鲁书社，2010：4919.

是名扶桑……仙人食其椹，而体作金色，飞翔玄宫。"[1] 两树相互扶持依靠、树叶状如桑叶，即"扶桑"，汉代的连理木正呼应了此特点；而扶桑的果实吃了能成仙，也使其更受汉民崇拜。

2. 通天神树——建木

《山海经·海内经》有载："有木，青叶紫茎，玄华黄实，名曰建木，百仞无枝，有九欘，下有九枸，其实如麻，其叶如芒，大曔爰过，黄帝所为。"[2]《海内南经》亦载："有木，其状如牛，引之有皮，若缨、黄蛇。其叶如罗，其实如栾，其木若蓲，其名曰建木，在窫窳西弱水上。"[3] 建木高大通天地，是黄帝所种植的可沟通天地宇宙的神树。

《淮南子》曾记载："建木在都广，众帝所自上下，日中无景，呼而无响，盖天地之中也。"[4] 在汉代，建木是众神上下天地的工具，也能引导死后的人成仙。

建木多按照神话描述绘制成笔直通天的形态，但也有呈现出曲折、缠绕的形状。东汉时期，陕西地区大量出现建木托举西王母的画像石图像，后期衍生出东王公、西王母相对称的仙境图（图 11 右侧，建木托举二神），建木外形形似仙草，如云气纹般灵动浪漫。

其他地区也出现不同形状的建木，有的甚至与别的树结合形成新的形象与寓意。《淮南鸿烈集解》有载："其人死复苏，其半鱼，在其间……南方人死复生，或化为鱼，在都广建木间。"[5] 观察山东微山两城汉画像石（图 8），在两株连理树的中间、人物的上方有对鱼，这或许便是死而复生之人化为的鱼，由此来看，该连理树很可能包含建木的寓意。

建木常出现在引导成仙、西王母仙境图等题材中。常见构图包括：笔直而上的建木上配有缠龙（图 11 左侧）或立鸟（图 11 中间）、顶部绘制西王母、东王公像（图 11 右侧）等。

3. 祭祀崇拜——社树

《白虎通·社稷》记："社者，土地之神也。土生万物，天下之所王也。尊重之，故自祭也。"[6] 社祭即古代国家、部落或族群聚集祭祀大地之所，古有社地植社树的习俗。

不同朝代、不同族群的社树各异。《论语·八佾》记载："哀公问社于宰我，宰我对曰：'夏后氏以松，殷人以柏，周人以栗'。"[7] 郑同修学者考查大量资料，指出殷人祖先曾生活于中国今河南、山东地区，该地常用常青树（柏树）作社树，因而画像石中有些常青树造型参考了汉代社树像。[8] 其绘制于社坛上，多与建筑物搭配。《白虎通·社稷篇》记："封土为社，

1　［汉］王充 . 论衡校释·卷第十一·说日篇 [M]. 北京：中华书局，1990：508.

2　［晋］郭璞，［清］郝懿行 . 山海经笺疏·第十八海内经 [M]. 山东：齐鲁书社，2010：5025.

3　郭世谦 . 山海经考释·海内南经第十·建木 [M]. 天津：天津古籍出版社，2011：525.

4　［汉］刘安 . 淮南子集释·卷四地形训 [M]. 北京：中华书局，1998：329.

5　［汉］刘安 . 淮南鸿烈集解·卷四地形训 [M]. 北京：中华书局，2013：150.

6　［汉］班固 . 白虎通疏证《卷三社稷》论王者亲祭 [M]. 北京：中华书局，1994：91.

7　［魏］何晏，高华平 . 论语集解校释·八佾第三 [M]. 辽宁：辽海出版社，2007：51.

8　郑同修 . 汉画像中"常青树"类刻画与汉代社祭 [J]. 东南文化，1997（4）：62.

浙江海宁东耳室北壁西侧　　　山东临沂市白庄出土　　　陕西米脂墓门左右立柱画像
（东汉晚期，原地保存）　　　（东汉，临沂市博物馆藏）　　　（东汉，米脂县博物馆藏）

图 11　建木

故变名谓之社，别于众土也。为社立祀，始谓之稷。"[1]可见绘制在社坛（土）上的常青树是社树。俞伟超学者还提出，钱树也象征着社树，树上系钱是东汉末期大量出现的祭祀方式。[2]

4. 辟邪神树——常青树

西汉石画像中经常见到作为辟邪神树的常青树（柏树）。《史记》记载："松柏为百木长，而守门闾。"[3]汉代应劭有写："魍象好食亡者肝脑，人家不能常令方相立于墓侧以禁御之，而魍象畏虎与柏，故墓前立虎与柏。"[4]可见时人认松柏为树木之首，可以看守墓门与辟邪，因此过去有墓地植柏的习俗。

汉代画像石中有时会将辟邪常青树形状绘制成桃形，可能与先秦时期就流行的辟邪桃木有关。《山海经·大荒北经》中记述："……于是黄帝法而象之，殴除毕，因立桃板，于门户上"[5]，画桃枝可打鬼、吃鬼，但暂未见到汉代画像石中出现桃树图案。

辟邪常青树常与对阙、玉佩或铺首纹搭配，绘制在墓口（图 4）。

5. 桑树

汉画像石中，除了扶桑树等变种，桑树还常见于高禖图中，即"桑间野合"。

商周时期，古人在庙宇和祭坛周围种植桑林，举办重大祭祀活动。到了汉代，桑树的形

1　［汉］班固.白虎通疏证·附录六白虎通义定本·卷二·社稷篇 [M].北京：中华书局，1994：775.

2　俞伟超.东汉佛教图像考 [J].文物，1980（5）：76.

3　［汉］司马迁.史记·卷一百二十八龟策列传第六十八 [M].北京：中华书局，1982：3237.

4　［汉］应劭.风俗通义校注·佚文·丧祭 [M].北京：中华书局，1981：574.

5　［晋］郭璞，［清］郝懿行.山海经笺疏·第十七大荒北经 [M].山东：齐鲁书社，2010：5008.

象从神圣逐渐向世俗过渡，以桑树为主的高禖图就通过模仿上古性崇拜巫术，表达了阴阳相融、繁衍后代、生生不息的观念。

高禖图展现了男女在桑树下交合的画面，常出现在川西地区的东汉画像砖中，学者高力指出这也可能是对东汉流行的天师道中"结精合气之术"的粗暴解读[1]。

从社地植桑、扶桑树神话到汉代的高禖图，都可以看到桑树存在的重要性，尤其在古蜀文化中，是永恒生命的象征。

6. 方位树

方位树是方位图中代表四方的神树，构图形式为弯曲方形的四角并绘制树纹。战国时期出土的四木漆盘、青铜镜中也有类似图案。四川地区汉画像石中也有出现。

7. 树人

先秦至汉魏时期，四川地区的神树有分支演变为树上站人或神，进而形成头长树的人形树神，将神树赋予人格化的象征。如四川成都大邑董场的三国时期建木画像砖里，中心靠上侧有建木神，即头上长树的羽人，他的两侧是兽头仙人，下方为对称的三颗星、交尾的女娲伏羲[2]。

（四）圣树

其主要指汉代时期，在中外文化交流中，以本国文化为核心、融合西方生命树特点而形成的圣树图案。它的形象与上述各类神树图案的发展相互交融。常见品种有常青树、连理木、三株树和钱树。

1. 常青树

古埃及人将柏木视作墓门神树，多绘制在墓门口（图12）。而西汉画像石中常青树常与建筑搭配绘制在墓主门口（图3）。两地的树木造型与摆放位置都有相似之处。

图12　古埃及的常青树

1　高力，田晓膺.西蜀画像砖"桑林野合"图像的文化阐释[J].装饰，2011（5）：89.

2　林向.四川西南山地盐源盆地出土的战国秦汉青铜树[J].华夏考古，2001（3）：84.

2. 连理木

在早期的亚述时代，圣树图案已经出现在皇室的作品中。亚述人民崇拜枣椰树，他们吸收了埃及文化中的生命树的图案风格与构图形式，发展出具有自身特色的神树图案样式。随着丝绸之路的开拓，汉代商人与西方其他国家往来更加频繁，加速了文化交流的进程。

亚述的图案中，圣树主要以棕榈树作为参考范本，有时也有石榴和藤蔓，通常绘制于画面中心。圣树有一个主树干，树冠的形状像棕榈叶，枝头有棕榈果、松果或石榴。亚述地区的形状类似山东连理树的树枝末梢（图13～图15）。

亚述地区的圣树枝条多以树干为中轴，呈对称分布，若将树梢作为点，连成线的边缘几乎呈椭弧形；而汉代的枝条有对称也有不对称分布，且形式更为复杂，树枝多位于树干靠上端，树梢点连成线的边缘更似圆弧（图16～图18）。

再看神树的构图搭配。在圣树的两侧通常会有对兽、对人等，面朝圣树，寓意着国王在有翼神的监督下，作为亚述神的代理人。因此，圣树图案是神权与统治的象征，这与汉画像石中"树＋人"的升仙或射爵寓意有所区别。

在汉代画像石中，也出现许多以树为中心的对兽、对人图案，如图8的山东汉画像石中的神树构图，就与亚述地区的圣树图案相似。两地的圣树下方均有对兽／人，但汉画像石中的马与羊反向对立，而亚述地区的对兽头朝圣树。

神树与羊的搭配在两河流域图案中十分常见，这与他们的神话有关。在中国，虽然先秦也有出现羊的图案，但和树的搭配暂时未发现。汉代出现了树与羊搭配的图案，可以推测：在当时中西文化交流时，中国工匠发现西域存在圣树与公山羊图案，而羊又和中国文化的"祥"互通，于是尝试使用这一组合，形成独具特色的画像石内容。

可进而推断：在当时中外经济文化往来下，中国匠人选取了外来文化的一些特征，将其赋予中国传统文化的内涵，内化为具有中国特色的神树图案。虽然从表现形式上和两河流域类似，但它的核心内涵已完全"中国化"了。

但学者强音在考据后发现，圣树图案只出现在亚述地区的雕刻中，纺织品中暂未见到[1]，因此，西方圣树图案的传播途径需深入探讨。

3. 三株树

前文的仙树类别下提及三枝树在中国神话中早有记载。

洛阳西汉乘龙升仙砖中的引导成仙图中，墓主人手握三株树升天，此树有三个分枝，每

1　强音，刘晓刚.生命之木——丝织品中树纹的设计美[J].大众文艺，2011（7）：123.

表3　圣树与连理木

	亚述	汉
树梢相似	图13　亚述地区的圣树（Wallach Division Picture Collection：Design —— Tree Of Life，纽约公共图书馆藏）	图14　山东微山两城汉画像石（局部，东汉）
树梢相似	图15　新亚述地区的圣树浮雕板（约公元前883—前859年，美国大都会艺术博物馆藏）	图16　山东临沂汉画像石（东汉，临沂市博物馆藏）
树+羊	图17　亚述对羊生命树象牙浮雕（公元前9—前8世纪，美国大都会艺术博物馆藏）	如图8 山东微山两城汉画像石，东汉

图18　两树的边缘线

条枝头都为白珠[1]，形状与亚述地区的有异曲同工之妙：如图 19 中的人物左手握着一株植物，这株植物的三个枝干末端是花结，造型与三株树的珠状枝梢相近。三枝树在中西文化中都具有神话色彩，或许在丝绸之路交流中，西亚的神树图案被汉代工匠接受并内化为中国三株树的造型。

4. 钱树

吕澂学者根据资料推论，随着汉代佛教东渐，佛像首先传入中国，而后才是佛经。[2]这种易于传播的具象崇拜方式吸引了许多知识水平较低的佛教信徒，他们并未深刻理解佛教的哲学思考，只是通过崇拜神来寻找心灵的慰藉。汉人提取出佛陀与中国神话传说之间的共通之处，将其与具有神仙、吉祥寓意的神树相结合，变成了一种新的崇拜形式。

最典型的代表便是汉魏时期西南地区的佛陀摇钱树，其糅合了印度犍陀罗、秣菟罗的艺术风格。佛像主要出现在树座、树干和树顶，如陕西城固摇钱树上的佛像。

印度佛像构图中常见"一佛二侍"组合，如菩提树下，释迦牟尼端坐于狮子座上，两侧为侍从；受其影响，四川摇钱树装饰中也出现类似构图：神树之下，西王母端坐于龙虎座上，其两侧为神人或神兽[3]。

佛像出现在铜钱树的树枝上、树座下，反映了佛教在当时是人们在儒道学说、中国传说神话外，从不同信仰角度对生死与祥瑞的美好祈愿。

图 19　亚述浮雕板
（公元前 883—前 859 年，大都会艺术博物馆藏）

1　刘芊，陶思炎 . 神树图像与传统中国信仰变迁 [J]. 南京社会科学，2017（6）：153.

2　吕澂 . 中国佛学源流略讲 [M]. 北京：中华书局，1979：19.

3　范小平 . 四川汉画及摇钱树所反映的中国早期佛教艺术 [J]. 中华文化论坛，1998（3）：68.

五、兼收并蓄——文化内涵

神树图案的演变与流行是各因素共同作用导致的结果。它不仅受到国内传统文化如川蜀地区的宇宙树崇拜、昆仑蓬莱神话传说、汉代道教成仙论等的影响，也受到国外文化如丝绸之路两河流域圣树、东南亚佛教生命树等影响，进而融合演化为新的神树图案符号。

树木因旺盛的生命力与强大的繁衍能力而受到先民的敬仰崇拜。先秦诸多文献史料、文物中早已出现了不死神树。两汉时期宗教神学、谶纬迷信盛行，道教方士纷纷追求长生不老，神仙和仙境的概念广为传播。正如道教经典《太平经》中所提到的"人有命树"观念[1]，神树是汉人思考生死繁衍时的崇拜对象。

（一）先秦神树崇拜

中国的神树崇拜出现在各个地区民俗神话中，川蜀地区的《山海经》是典型代表之一。其从形态、位置、功能等方面，详细记录了扶桑、若木等太阳神树，株树、柏树、不死树等昆仑仙境中的仙树，还有通天巨树建木等，提及的神树数量庞大，是研究先秦神树的重要参考文献。

汉代之前，神树主要都是以文字形式记录，可视化图案的典型代表为四川三星堆的青铜神树、战国时期的四方神树图和秦汉的神树纹瓦当等，但数量、种类相较于文献记载略显不足。

到了汉代，工匠们根据先秦神话中的神树描述，增加了当时流行的仙道文化思想，创造出各类神树图案，并逐步形成独特的视觉符号。例如前文提到的树上栖鸟、飞鸟的造型搭配，便源自《山海经·海外东经》中的扶桑神话："汤谷上有扶桑，十日所浴……九日居下枝，一日居上枝。"[2]《山海经·海内经》所提及的建木、常青树（柏树）也经常出现在汉画像石中，且与神话所述的特征相似。

（二）汉代神仙传说

《山海经》中提及昆仑山时，频繁使用"不老不死""长寿"相关词汇，与汉代不老不死观契合，因此，昆仑仙境传说在当时盛行属情理之中。

汉代的神话传说较于先秦的神话又有些变化，神树的形象在汉代逐渐有了新的诠释，以更好服务于画像石主题。例如建木，起初只是沟通天地的阶梯，而后逐渐演变为神仙上下天地的工具，后又增加了引导人们成仙的功能。李道和指出，中国古代神话中的各类不死树，其实都是神树建木的分支产物，汉代文献中的不老不死仙树，指的正是通天建木。[3]

1　杨赫，杨孝军.汉画像石中树图像及其象征意义探析[J].文物世界，2016（3）：28.
2　[晋]郭璞，[清]郝懿行.山海经笺疏·第九海外东经[M].山东：齐鲁书社，2010：4919.
3　李道和，韩光兰.生命树、不死药与巫的关系[J].楚雄师专学报，2001（1）：75.

从上文瑞树分类中的连理树案例可以看出，其原型也来自通天建木。但连理木的缠绕造型，却并未在建木相关的文献中有描述，因此这个连理木的造型，可能是源自其他的传说信仰。

在画像石和其他工艺品图案中，经常能看到伏羲、女娲题材，其交尾的形式和连理木的缠绕方式相似。伏羲女娲出自上古神话传说，至汉代，二者的形象、主题样式已经很成熟了。伏羲女娲交尾是汉人祖神崇拜、生生不息的观念体现，这与神树的繁衍、成仙寓意不谋而合，由此看来，连理树形状如此也是必然了。

此外，有些地方会将神树枝叶处理成如凤凰尾羽状，也与凤崇拜、长生不死有关，如江苏泗阳打鼓樊氏画像石墓出土的神树图案。

（三）道家儒家理论

道家与儒家的哲学体系是塑造汉人三观与思想的基础，这进而影响了汉代的艺术主题与风格。

道教紧扣神仙思想，提倡道法自然、无为而治。它吸收了神话传说中树作为天地通道的特点，结合道教理念特点，将树想象为修道成仙之路。因此与上古神仙界相关的建木、演变形成的连理木等就成了重要的引导升天树，绘制在画像石中。道教中祈求吉祥富贵、生生不息等观念也附加在神树上，使其含义更加丰富。天真烂漫的幻想艺术风格也体现在主题内容中。

儒家思想强调重视道德伦理，用"天人合一""天人感应"来证明三纲五常与君权天授等理念，以符瑞、灾异等天道表现人世的愿望或谴责。汉代画像石中的升迁、举孝廉、孔子拜见老子等题材正反映了此思想。而儒家"慎终追远"的思想强化了汉代厚葬之风，进而推动葬器（包括画像石）的发展[1]。

汉人崇尚修道积德、长生登仙，倾向于从宗教神话角度来缓解对死亡的恐惧、寻求心灵的慰藉，他们相信羽化登仙的传说，进而衍生出"事死如事生""事亡如事存"的丧葬制度与观念。为了能够得道升仙，他们不仅通过画像石等艺术形式为墓主人祈求在仙界能获得精神与物质的满足，还提出了升仙的方式。正如葛洪所记："……欲求长生者，必欲积善立功，慈心于物，恕己及人……"[2]汉人将儒家与道家结合，提出"行善积德是长生成仙的必要条件"这一观点。

（四）现实生活事物

除了参考宗教、神话传说中的描述，汉代的工匠们也会以现实生活中的植物为原型创造神树图案。

---

1   许大海.儒家思想与汉代器物设计[J].艺术百家，2007（5）：144.
2   [晋]葛洪.抱朴子内篇校释·卷之六微旨[M].北京：中华书局，1985：126.

各地区种植的树的品种不同、对树的信仰与象征意义也不同。例如常见于河南、山东的常青树造型，可能就模仿了现实中的树冠，提取、概括并最终形成了经典的三角形符号。据专家考证，秦汉时期，中国已大量种植银杏树，山东、江苏等地的连理树枝叶或许便是取银杏树的叶形绘制而成的，另种说法认为这是桑叶。由于汉代神树图案融合了多种文化内容，此究竟是银杏叶、桑叶，抑或二者的结合，均有可能。

汉代道士研制长生药丸时，有用枣树作为原料。汪小洋学者研究了河南南蔡庄汉墓出土的《肥致碑》内容后，指出肥致是吃枣药丸成仙的，进而推断连理树的原型之一是枣树，其具有长生的含义。[1]

除了现实中的树木，汉代工匠们也会参考更早之前的工艺图案来绘制神树形象，如安徽凌家滩出土的玉树刻片就与常青树造型相似。

（五）外域文化影响

世界各地的宗教或民间信仰中都有对树的崇拜，例如埃及的无花果树、亚述地区的枣椰树、佛教的菩提树等。对比这些地区神树图案后可推断：古代中国与西方的树形纹饰及其神话传说之间的相似之处并非偶然。汉代社会繁荣，对外开放交流频繁，同时期的印度、亚述、古埃及等文化对中国均产生了不同程度的影响。

佛教是其中重要的影响因素之一。根据历届学者考究，总结出三条佛教文化传入中国的路线：西北丝绸之路、西南丝绸之路、海上丝绸之路。学者何志国考据后得出结论：公元前二世纪之前，中印便打通滇缅交流之路了[2]。东汉末期，巴蜀地区受到印缅文化影响，大量出现佛教元素，如四川汉墓出土的钱树上常装饰着莲花、佛陀等。时人将佛与西王母视作相似的存在，与本土文化杂糅，附属于仙道、土地崇拜思想，只有少数作为佛教崇拜独立存在。

亚述等亚欧地区也通过丝绸之路与中国文化交流。异域的图案风格与构图形式于圣树模块已有论述，在此主要讨论中外思想观念上的差异：中国文化对于"生"和"死"的思想观念，主要着眼于长生不老与生生不息，而西方侧重描述人死后的极乐世界（表4）、印度宣扬来世、古埃及则是强调死而复活。虽然中外作品呈现出来的形式有相似之处，但其核心观念仍具中国特色，汉人是从自身文化视角出发来审视世界的，异域图案只是他们借来传播时代思想、表达内心诉求的一种新形式。

1　汪小洋．枣树：汉画像石中树图像的一个原形 [J]. 齐鲁艺苑，2004（3）：26.
2　何志国．四川早期佛教造像滇缅道传入论——兼与吴焯先生商榷 [J]. 东南文化，1994（1）：110.

表 4　中西方思想观念的差异

中国	西方
"人之初，性本善"	原罪论
重视此岸世界	重视彼岸世界
神明偏向世俗化， 与人的关系很接近（例如灶神）	神明崇高神圣， 人类无法触及不可侵犯
讲究天人合一， 宏观看待事物， 重视人与人之间的现实关系	微观看待事物， 重视死后的极乐世界

六、结语

神树自古便是世界各大文明重要的崇拜对象。中国的古文献与文物中也经常出现神树的身影。

汉代画像砖中的神树图案包含了中国早期神话中的神树、受汉代神仙思想影响而逐渐演变的仙树、与民间艺术有关具有吉祥寓意的瑞树、中外文化交流中融合而成的圣树等。其具有一定崇拜、信仰、祈愿等含义。

其中最常见的神树有常青树、连理木、建木等，此外还有扶桑、桂树、三株树等，常见的组合搭配有树上栖鸟、树木射鸟、树座托西王母、树下对兽、树系车马等，常见的题材包括辟邪、引导升天、西王母仙境、射爵图等。这些神树的功能并不仅局限在一个小范围，而是涵盖了汉人所期待的众多美好愿望。因此，它们的造型也在发展中相互影响，呈现出新的特征，以满足汉人的精神需求。

神树图案的造型在演变过程中受到众多方面的影响，它不仅仅是汉代特色社会背景下的产物，还受到了域外文明的影响，进而形成一套特色的神树图像体系。但在关注域外文化对于汉画像石中神树图像的影响中，我们应该注意到，这些异域文化的传入，并不是会被汉人照搬全收的。在汉代特色的时代背景下，他们以自己的理解与观念来省视、模仿这些异族文化。因此，神树图案虽然在形制上与他国文明有着许多相似之处，但究其核心思想，仍是颇具中国特色的。

这些包含神树图案的题材在汉画像石中占据重要的位置。它不仅体现了汉人修仙得道等的精神信仰追求，也展现了汉人对于升官、发财、长寿等世俗吉祥寓意的追求。研究神树图案及其背后的影响因素，有助于我们更全面认识汉人思想观，以及他们审视世界的视角。

东汉画像石双头鸟图像研究

李秋红

摘要： 在东汉画像石中存在一种双头鸟图像，具体是一种二鸟头、二人首或一鸟头并一人首共用一个鸟身的造型，源于河姆渡文化，成熟于战国，在汉代获得实质性发展。本文以东汉画像石中的双头鸟图像为主要研究对象，对其起源、实例类型、图像组合的种类进行分析，追溯双头鸟图像的历史渊源，理清双头鸟图像类型，并对不同图像组合背后蕴藏的文化内涵、象征意义和文化价值进行探讨分析，试图揭示其中蕴含的各种文化信息。

关键词： 双头鸟；东汉画像石；中国画像石；《山海经》

在汉画像石奇珍异兽图像中，存在一种二鸟头、二人首或一鸟头并一人首共用一个鸟身的奇特造型，本文名之为双头鸟图像[1]。这种图像渊源于河姆渡文化，成熟于战国时期，在汉代获得实质性发展。以往学者注意到此种图像的奇特造型，但仅关注零星实例，且缺乏细致图像分析，因而既不清楚此种图像包含的多种类型和组合形式，也不了解其整体发展面貌，其中蕴含的各种文化信息至今还未被揭示出来[2]。

有鉴于此，本文以东汉画像石中的双头鸟图像为研究对象，在尽可能全面搜集相关材料的基础上，简单追溯双头鸟图像的历史渊源，重点梳理此种图像在汉代的发展脉络，考查其类型和图像组合情况，并探讨其文化内涵。

1　以往学者以比翼鸟、双头鸟、双头鹫、双头怪鸟、双首朱雀、双人首鸟、双人首怪鸟、双头人面鸟等，指称不同双头鸟实例，其中很多名称难以推而广之。综合来看，"双头鸟"一名，既点明了此种图像一鸟身之上生出二头的形态特征，又可涵盖二头所见鸟头、人首等不同表现，表述简明扼要，又比较准确，为本文所采用。

2　赵丰简单勾勒了双头鸟图像从汉代到唐宋的大致情况，指出东汉画像石双头鸟图像为比翼鸟，又叫同心鸟，表达夫妇感情深厚之意。参见赵丰.锦程：中国丝绸与丝绸之路 [M].合肥：黄山书社，2016：91-94.潘攀首先借助文献记载，指出比翼鸟带有吉祥寓意，有时指代男女爱情，也是汉代重要的瑞应神兽，而后列举了山东嘉祥武梁祠屋顶后坡、沂南墓中室、滕州龙阳店散存画像石，以及江苏徐州散存画像石所见 4 例双头鸟图像，认为均为比翼鸟图像。参见潘攀.汉代神兽图像研究 [M].北京：文物出版社，2019：105.以上二学者只关注到有限实例，简单认为双头鸟图像即比翼鸟图像，在阐释图像意涵时又脱离图像本身，存在所引文献与所述图像难以对应的问题。

一、历史渊源

已知最早的"双头鸟"图像，发现于距今约 7000—5000 年的浙江余姚河姆渡遗址出土的骨匕。骨匕正面刻画两组图像，每组二鸟头左右相背，身体相连，尾羽垂落（图 1-1）[1]。类似表现还见于同一遗址出土的象牙蝶形器，二鸟头相背同于前者，不同之处在于鸟颈屈曲，鸟喙朝上，给人以向高空奋力飞翔之感，鸟身部分刻画不明（图 1-2）[2]。此二实例大体具备二头同体特征，但重在刻画鸟头，鸟身、鸟翅部分刻画简略，乃至于无，仅可视作双头鸟图像的雏形。二实例鸟头之间均刻画一幅火焰纹的圆形物象。考古报告推测为烈日火焰，并将后者名作"双鸟朝阳"[3]，有的学者认为是"双鸟育阳"[4]。双鸟同体现象本非自然界所有，同体双鸟拱卫"太阳"表现，更增加了其神圣性，反映了原始先民神鸟崇拜与太阳崇拜相融合的思想。

比较成熟的双头鸟图像，至迟在战国时期已经出现。如战国青铜方壶底座，以神人为中心，对称刻画一对双头鸟图像。鸟身正面观表现，二鸟头相背，双翅展开，翅尖向下（图 2）[5]。其表现已经十分接近汉代双头鸟图像，很可能为汉代同类实例提供灵感来源[6]。

图 1-1 余姚河姆渡遗址出土的骨匕（采自《河姆渡——新石器时代遗址考古发掘报告》第 116 页图 70-3）

图 1-2 余姚河姆渡遗址出土的象牙蝶形器（采自《河姆渡——新石器时代遗址考古发掘报告》第 285 页图 194-5）

图 2 战国时期青铜方壶局部（采自 Artibus Asiae,1967,Vol.29,fig.45b）

1 浙江省文物考古研究所 . 河姆渡：新石器时代遗址考古发掘报告 [M]. 北京：文物出版社，2003：116.

2 浙江省文物考古研究所 . 河姆渡：新石器时代遗址考古发掘报告 [M]. 北京：文物出版社，2003：285.

3 河姆渡遗址考古队 . 浙江河姆渡遗址第二期发掘的主要收获 [J]. 文物，1980(5)：1-12.

4 唐德中，徐翔 . 华夏和合文化的原始雏形——河姆渡先民连体双鸟图腾新释 [C]// 王慕民主编 . 河姆渡文化新论：海峡两岸河姆渡文化学术研讨会论文集 . 北京：海洋出版社，2002：146-152. 该文认为此种图像为河姆渡先民的连体双鸟图腾，是古越人"双鸟创世"传说的佐证，反映了时人祈求时和年丰的愿望。

5 The Eric Lidow collection,Los Angeles.Charles D.Weber. "Chinese Pictorial Bronze Vessels of the Late Chou Period (Part III)" ,Artibus Asiae,1967,Vol.29,No.2/3(1967),pp.115-192,fig.45b.

6 赵丰认为双头鸟图像由战国刺绣凤鸟对望图像演变而来，较早见于山东日照西汉墓出土的刺绣，但其注释却指向《江苏东海县尹湾汉墓群发掘简报》一文。笔者无法按引文找到该刺绣图像，难以确定其所言西汉双头鸟实例是否存在。赵丰 . 锦程：中国丝绸与丝绸之路 [M]. 合肥：黄山书社，2016：91.

汉代以前，双头鸟图像仅零星存在，不成系统。进入东汉，双头鸟图像在多地出现，实例增加，类型多样，进入实质性发展阶段。

二、实例及其图像类型

（一）现存实例

目前已知双头鸟图像共 16 例（表 1），见于山东、江苏、河南、山西等地出土的东汉画像石（图 3）。除嘉祥武梁祠外，均无榜题。

就发展地域而言，此种图像分布在山东南部嘉祥、滕州、沂南、临沂，江苏北部徐州、睢宁，以及河南南阳、山西离石等地。其中山东南部 10 例，占总量 62.5%，数量最多，为双头鸟图像主要发展区域。江苏北部 4 例，占总量 25%，数量次之。河南、山西各 1 例，仅零星存在。

就发展时间而言，纪年明确者 3 例，其中东汉桓帝元嘉元年（151）两例、灵帝建宁元年（168）1 例，均属东汉晚期。其余无纪年者，含东汉中晚期 3 例、晚期 6 例，另有 4 例阶段不明。从有限资料来看，此种图像应主要流行于东汉晚期。

表 1　汉代双头鸟图像一览表

编号	实例	年代	收藏单位
1	山东嘉祥武梁祠屋顶后坡	东汉桓帝元嘉元年（151）	嘉祥县武氏祠文物保管所
2	山东嘉祥武梁祠东壁	东汉桓帝元嘉元年（151）	嘉祥县武氏祠文物保管所
3	山东嘉祥武氏祠前石室后壁小龛东壁	东汉灵帝建宁元年（168）	嘉祥县武氏祠文物保管所
4	山东嘉祥宋山墓出土的画像石之一	东汉晚期	山东石刻艺术博物馆
5	山东嘉祥宋山墓出土的画像石之二	东汉晚期	山东石刻艺术博物馆
6	山东临沂吴白庄墓中室北壁西立柱	东汉晚期	临沂市博物馆
7	山东沂南北寨村墓前室北壁横额	东汉晚期	沂南汉墓博物馆
8	山东沂南北寨墓中室过梁	东汉晚期	沂南汉墓博物馆
9	山东滕州龙阳店征集画像石	东汉	滕州汉画像石馆
10	山东滕州龙阳店黄家岭祠堂盖顶石	东汉	滕州市博物馆
11	江苏徐州征集画像石之一	东汉中晚期	徐州汉画像石博物馆
12	江苏徐州征集画像石之二	东汉中晚期	徐州汉画像石博物馆
13	江苏徐州征集画像石之三	东汉	徐州汉画像石博物馆
14	江苏睢宁杆山出土的画像石	东汉	徐州汉画像石博物馆
15	河南南阳后营村墓出土的画像石	东汉中晚期	南阳汉画馆
16	山西离石马茂庄 2 号墓前室西壁左侧	东汉晚期	离石文物管理所

图 3　东汉画像石双头鸟图像分布示意图（笔者绘制）

（二）图像类型

已知双头鸟实例，根据头部是否包含人首因素，可以分为二鸟头式和具人首式两大类。

第一类二鸟头式双头鸟图像，根据鸟身表现可以分为 A、B 两型（表 2）。A 型，鸟身正面观表现。根据二鸟头朝向，可细分为 AI、AII 两个亚型。AI 型，为二鸟头朝外、相背表现，共两例，分别见于山东滕州龙阳店征集东汉画像石（表 2-1）[1]、江苏徐州征集东汉中晚期画像石之一（表 2-2）[2]。二者双翅左右张开，前者鸟喙紧闭，翅尖向下，尾羽垂落，作空中纵向飘浮状。后者鸟喙各衔一珠状物，翅尖向上，双爪在前，尾羽在后，作着陆捕食状。

AII 型，为二鸟头朝内、相对表现。共 4 例，分别见于山东滕州龙阳店出土的东汉黄家岭祠堂盖顶石（表 2-3）[3]、山东临沂东汉晚期吴白庄墓出土的中室北壁西立柱（表 2-4）[4]、江苏徐州征集东汉中晚期画像石之二（表 2-5）[5]、江苏睢宁杆山出土的东汉画像石。各实例双头鸟双翅均张开，翅尖多数向下，仅徐州征集画像石之二作翅尖向上表现。从鸟喙表现来看，前二例鸟喙衔物，其中前者二鸟喙各衔一鱼，后者则共衔一长条状物。后二例二鸟喙相接，作接吻状。从鸟身表现来看，第一例鸟身呈轮状，轮内刻画玉兔，最后一例鸟身呈片状，刻画简单而抽象，此二者均呈空中飘浮状。中间二例鸟爪在前，尾羽在后，作着陆状。

1　潘攀 . 汉代神兽图像研究 [M]. 北京：文物出版社，2019：106.

2　杨孝军，郝利荣 . 徐州新发现的汉画像石 [J]. 文物，2007（2）：81-89.

3　滕州市博物馆藏 . 陈秀慧 . 滕州祠堂画像石空间配置复原及其地域子传统（下）[C]// 朱青生主编 . 中国汉画研究，第 4 卷 . 桂林：广西师范大学出版社，2011：197-358.

4　焦德森 . 中国画像石全集 3 · 山东汉画像石 [M]. 济南：山东美术出版社，郑州：河南美术出版社，2000：图版 18.

5　杨孝军，郝利荣 . 徐州新发现的汉画像石 [J]. 文物，2007（2）：85.

表 2　第一类二鸟头式双头鸟图像型式表

A 型	AI 型	 1. 滕州龙阳店征集画像石（采自《汉代神兽图像研究》第 106 页图 2.36-4）	 2. 徐州征集画像石之一（采自《文物》2007 年第 2 期第 85 页图 13）
	AII 型	 3. 滕州龙阳乡黄家岭祠堂盖顶石（采自《中国汉画研究》第 4 卷第 304 页图 119a）	 4. 临沂吴白庄墓中室北壁西立柱（李静杰摄）
		 5. 徐州征集画像石之二（李静杰摄）	 6. 睢宁杆山出土的画像石（李静杰摄）
B 型	BI 型	 7. 嘉祥武翟山村武梁祠东壁（采自《中国画像石全集》1 图版 50）	 8. 嘉祥武氏祠前石室后壁小龛东壁（采自《中国画像石全集》1 图版 65）
		 9. 嘉祥武梁祠屋顶后坡（采自京都大学人文科学研究所所藏石刻拓本资料网站）	 10. 沂南北寨村墓中室过梁（采自《山东沂南汉墓画像石》图版 51）
	BII 型	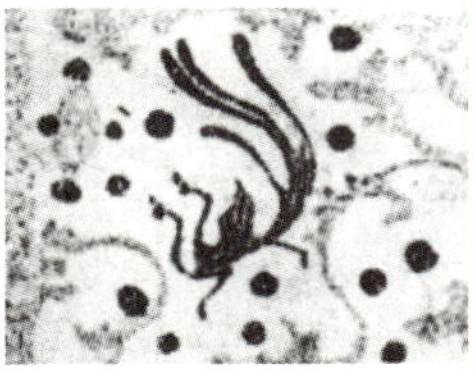 11. 南阳后营村墓出土的画像石（采自《南阳汉代画像石墓发掘报告集》第 410 页图 2）	 12. 离石马茂庄 2 号墓前室西壁（采自《中国画像石全集》5 图版 254）

　　B 型，鸟身侧面观表现，已知实例二鸟头均面朝同一方向。依据脖颈形态，细分为 BI、BII 两个亚型。BI 型，鸟颈粗短、直挺，鸟头、鸟身、鸟尾大致处在同一水平线上。共两例，分别见于山东嘉祥武翟山村出土的东汉桓帝元嘉元年（151）武梁祠东壁（表 2-7）[1]、东汉灵帝建宁元年（168）武氏祠前石室后壁小龛东壁（表 2-8）[2]。前者翅膀收拢，二爪着地，作行走状。后者翅膀张开，鸟身下部刻画三个卷云纹，作空中飞翔状。

1　蒋英炬. 中国画像石全集 1·山东汉画像石 [M]. 济南：山东美术出版社，2000：图版 50.

2　蒋英炬. 中国画像石全集 1·山东汉画像石 [M]. 济南：山东美术出版社，2000：图版 65.

BII 型，鸟颈细长，呈弧线弯曲。共 4 例，分别见于山东嘉祥武翟山村出土的东汉桓帝元嘉元年（151）武梁祠屋顶后坡（表 2-9）[1]、山东沂南北寨村东汉晚期墓出土的中室过梁（表 2-10）[2]、河南南阳后营村墓出土的东汉晚期画像石（表 2-11）[3]、山西离石马茂庄东汉晚期 2 号墓出土的前室西壁左侧画像石（表 2-12）[4]。各实例均刻画二鸟爪，其中前二例后爪着地、前爪抬起，第三例双爪腾空，第四例双爪着地。除第一例双翅和尾羽皆收拢外，其余三例双翅和尾羽均向上展开。第二类具人首式双头鸟图像，鸟身均作侧面观表现。根据头部形态，可以分为 C、D 两型（表 3）。

表 3　第二类具人首式双头鸟图像型式表

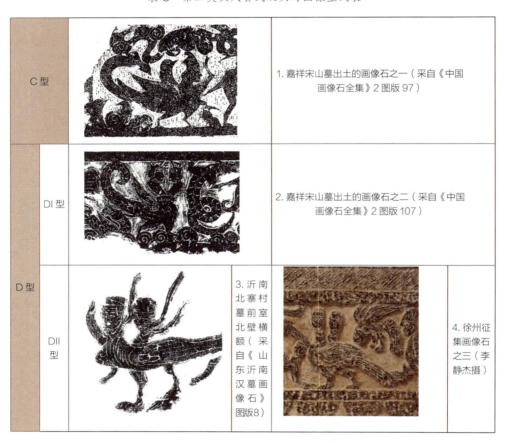

C 型		1. 嘉祥宋山墓出土的画像石之一（采自《中国画像石全集》2 图版 97）
D 型	DI 型	2. 嘉祥宋山墓出土的画像石之二（采自《中国画像石全集》2 图版 107）
	DII 型	3. 沂南北寨村墓前室北壁横额（采自《山东沂南汉墓画像石》图版 8）　4. 徐州征集画像石之三（李静杰摄）

1　京都大学人文科学研究所藏石刻拓本资料，画像石 B02-06。

2　蒋英炬.中国画像石全集 1·山东汉画像石 [M].济南：山东美术出版社，2000：图版 220.崔忠清.山东沂南汉画像石 [M].济南：齐鲁书社，2001：图版 51.

3　南阳汉画馆.南阳县高庙汉画像石墓 [C]// 石红艳、王清建主编.南阳汉代画像石墓发掘报告集.郑州：中州古籍出版社，2012：407-416.

4　汤池.中国画像石全集 5·陕西、山西汉画像石 [M].济南：山东美术出版社，郑州：河南美术出版社，2000：图版 254.

C 型，头部作一鸟头并一人首表现，即人首与鸟头共用一鸟身。仅 1 例，见于山东嘉祥宋山墓出土的东汉晚期画像石之一（表 3-1）[1]。其二头同朝前方，人首在前，戴进贤冠，鸟头在后，脖颈微曲。双翅展开，尾羽上翘，二爪着地，作行走状。

D 型，头部作二人首表现，根据人首朝向，细分为 DI、DII 两亚型。DI 型，二人首相对，仅 1 例，见于山东嘉祥宋山墓出土的东汉晚期画像石之二（表 3-2）[2]。其人首均戴进贤冠，脖颈与鸟身相接处刻画箍状物，翅膀上翘，尾羽细长、内卷，二爪踏在祥云之上。

DII 型，二人首同向，均戴进贤冠，共两例。其一见于山东沂南北寨村东汉晚期墓出土的前室北壁横额（表 3-3）[3]，二人首均作 3/4 侧表现，面朝行进方向，颈后各飘扬二长羽状物。其二见于江苏徐州征集东汉画像石之三（表 3-4），二人首均作正面观表现，直面观者。二实例鸟翅和尾羽皆收拢，二爪一前一后着地，作行进状。

通过上述类型划分，可得出以下认识。

第一，第一类二鸟头式双头鸟图像共 12 例，分布在山东、江苏、河南、山西，为双头鸟图像主要表现形式。第二类具人首式双头鸟图像仅 4 例，见于山东和江苏，实例数量和分布地域均比较有限。从鸟身表现来看，正面观者仅见于第一类，共 6 例，分布在山东和江苏。侧面观者同时见于第一类和第二类，共 10 例，分布在山东、江苏、河南、山西，实例类型、数量和分布地域均超过前者。究其原因，鸟身侧面观表现作法，与汉代普遍流行的侧面观凤鸟形态一致，契合汉民族审美风尚，因此更受青睐。

第二，第一类 A 型鸟身正面观表现的二鸟头式双头鸟图像，接近于前述河姆渡文化和战国时期实例。其中 AI 型二鸟头相背表现，也与河姆渡文化和战国时期实例一致。值得注意的是，AI 型双头鸟图像在西亚也可以找到相似实例。如柏林佩加博物馆藏土耳其哈图沙雅兹利卡亚神殿（Yazilikaya,Hattusa）出土的赫梯帝国约前 13 世纪浮雕双头鹰图像（图 4），正面观鸟身之上二鸟头左右相背，尾羽底部齐平表现，与 AI 型实例相似。其双翅展开、翅尖向上，二爪分立左右表现，与徐州画像砖之一形态几乎一致。有学者注意到战国时期双头鸟实例与赫梯帝国同类实例之间的相似性，认为前者在后者影响下产生[4]。相较于战国时期实例，汉画像石 AI 型实例与赫梯帝国双头鹰实例似乎更为接近，可能是东汉时期西亚双头鹰图像再次

1　朱锡禄.山东嘉祥宋山发现汉画像石[J],文物,1979（9）:1-6.赖非主编:中国画像石全集 2·山东汉画像石[M].济南:山东美术出版社,郑州:河南美术出版社,2000:图版 97.

2　赖非.中国画像石全集 2·山东汉画像石[M].济南:山东美术出版社,郑州:河南美术出版社,2000:图版 107.

3　蒋英炬.中国画像石全集 1·山东汉画像石[M].济南:山东美术出版社,2000:图版 188.崔忠清主编.山东沂南汉墓画像石[M].济南:齐鲁书社,2001:图版 8.

4　缪哲.鹰逐兔[C]// 朱青生主编.中国汉画研究,第 4 卷.桂林:广西师范大学出版社,2011:157-192.该文认为鹰逐兔图像是战国和汉代艺术受到西方影响的例证。

图 4　柏林佩加博物馆藏土耳其哈图沙雅兹利卡亚神殿出土的约前 13 世纪的双头鹰图像（李秋红摄）

图 5-1　徐州汉画像石博物馆藏睢宁杆山出土的东汉对鸟图像（李静杰摄）

图 5-2　徐州汉画像石博物馆藏东汉对鸟衔鱼图像（李静杰摄）

图 5-3　徐州汉画像石博物馆藏东汉对鸟衔珠图像（李静杰摄）

东传的结果[1]。但这只能作为一种猜测，二地实例存在较长的时间差，且缺少必要的中间环节，之间是否存在影响关系，还难以骤下结论[2]。

AII 型二鸟头相对，部分实例二鸟各衔一鱼或共衔一条状物，接近于同时期画像石对鸟，以及对鸟衔鱼、衔珠表现（图 5）[3]。山东滕州龙阳乡黄家岭祠堂顶盖石图像（表 2-3），鸟身正中配置一圆轮，轮内刻画玉兔，可能受到载负日、月的阳鸟造型影响。

第二类 B 型鸟身侧面观表现的二鸟头式双头鸟图像，在巴基斯坦塔克西拉遗址斯尔卡普古城（Sirkap,Taxila）F 街区的神庙上也有发现。该神庙以入口台阶为中心，左右基座对称

1　赫梯帝国双头鹰图像直至波斯萨珊王朝时期仍在延续发展，如瑞扎阿巴斯博物馆藏伊朗 5、6 世纪镀金银盘双头鹰图像，并向东影响到龟兹石窟，如拜城克孜尔第 167 窟窟顶六七世纪壁画金翅鸟图像。这些实例鸟身均为正面观，二鸟头皆相背表现，明显同属于西亚系统。考虑到赫梯帝国与战国、汉代存在千余年的时间差，若二地实例果真存在影响关系，那么影响战国和汉代双头鸟图像的应是西亚系统实例，而非局限于赫梯帝国实例。

2　刘政注意到徐州汉画像石中的双头鸟图像，认同此种图像近似赫梯帝国及其以降的双头鹰图像，承认从时间和地域来看此种图像有可能受到外来文化影响，但还是谨慎地认为，二头相背式双头鸟图像（即 AI 型）是汉画像石交颈鸟形象的变体。但实际上，AI 型相背二鸟头并不交颈痕迹。参见刘政.徐州汉代画像石上的双头鹰形象初探[J].宁夏大学学报（人文社会科学版），2017（1）：186-191.

3　刘政认为二头相对式双头鸟图像（即 AII 型）为汉画像石接喙鸟变体，但其列举的接喙鸟实例二鸟脖颈相贴、鸟喙朝上，有别于 AII 型二鸟脖颈相离、鸟喙横向表现方法。参见刘政.徐州汉代画像石上的双头鹰形象初探[J].宁夏大学学报（人文社会科学版），2017（1）：186-191.

表现三对神龛，分别是希腊式三角楣龛、印度式圆拱尖楣龛、印度式鸟居门龛（Torana），后两种龛顶部均刻画一只立鸟，其中台阶右侧圆拱尖楣龛顶部之鸟，作侧身、二鸟头相背的双头鸟表现（图6）[1]。斯尔卡普古城约在前2世纪初由希腊人建造，其后历经塞人、安息人、贵霜人统治，沿用了三百多年，城中神庙正是多元文化交汇融合的产物。发掘者马歇尔认为神庙所见双头鸟图像，源头可以追溯至赫梯帝国双头鹰图像，于希腊古风时期出现在斯巴达象牙雕刻上，其后经由塞人引入此地。该地双头鸟图像年代约在公元前后，略早于汉代同类实例，不排除这种图像又继续东传，为汉代双头鸟图像提供灵感来源。

但不可否认的是，已知西北印度实例二鸟头相背，有别于B型二鸟头同向表现。由于侧面观表现的单头鸟雀图像在汉地并不少见，在此种造型基础上创造出双头鸟图像，也绝非不可能之事。西北印度实例与汉代同类实例之间的关系，有待将来发现更多实例加以厘清。

第三，BII型嘉祥武梁祠屋顶后坡双头鸟之侧，刻有"比翼鸟"榜题，可知为比翼鸟图像。比翼鸟相关记述，在《山海经》中出现三次。一者，《西山经》："《西次三经》之首，曰崇吾之山……有鸟焉，其状如凫，而一翼一目，相得乃飞，名曰蛮蛮，见则天下大水。"二者，《海外南经》："海外自西南陬至东南陬者……比翼鸟在其东，其为鸟青、赤，两鸟比翼。一曰在南山东。"三者，《大荒西经》："大荒之中……有比翼之鸟。"[2]

图6-1 巴基斯坦塔克西拉遗址斯尔卡普古城出土的双头鸟图像（李秋红摄）

图6-2 巴基斯坦塔克西拉斯尔卡普古城遗址出土的双头鸟图像线图（采自《塔克西拉》图版28）

1　（英）约翰·马歇尔.塔克西拉[M].秦立彦，译.昆明：云南人民出版社，2002：164-313.
2　袁珂.山海经校注[M].成都：巴蜀书社，1992：46，227，465.

《山海经》是先秦古籍，系中国最早的神话地理著作，是研究中国远古社会的重要文献。其成书时间约在战国末期至西汉初期，现存最早传本由西汉刘向、刘歆父子校刊而成，其后经过多位文人学者的注释，形成多种版本并流传于世。清朝学者毕沅总结说，该书"作于禹益，述于周秦，行于汉，明于晋"，比较符合实际情况。

与《山海经》成书时间相近的《尔雅·释地》云："南方有比翼鸟焉，不比不飞，其名谓之鹣鹣。"[1]西晋郭璞为《山海经》所作注释，云："比翼鸟也，色青赤，不比不能飞。"[2]西晋张华著《博物志》，云："崇丘山有鸟，一足，一翼，一目，相得而飞，名曰蛮，见则吉良，乘之寿千岁。""比翼鸟，一青一赤，在参嵎山。"[3]基本沿袭了《山海经》有关比翼鸟的记述。

由以上文献可知，比翼鸟的意象至迟在战国已经出现，两汉至西晋时期持续流行。该鸟由两只一翼、一目、一足的蛮蛮鸟组合而成。蛮蛮鸟自身不能飞行，两只蛮蛮鸟比翼，即翅膀靠近，合体后才能飞翔，合体的形态称作比翼鸟。东汉画像石"比翼鸟"榜题，与文献中比翼鸟意象的流行时间相吻合。其图像作二鸟头共用一鸟身表现，契合文献中比翼鸟二鸟比翼、相得而飞的特征，应即比翼鸟的图像化表现形式。

与嘉祥实例同属于BII型的其他双头鸟图像，可能也作比翼鸟表现。与BII型相比，脖颈粗短的BI型，以及在鸟身表现和鸟头朝向方面有所区别的A型，部分实例可能同为比翼鸟图像，但难以确指。C、D型蕴含人面鸟身因素，不宜归入比翼鸟行列。这种因素在《山海经》中多次出现，属于鸟𪁲、𢷎斯、句芒等诸多神奇物种共有特征[4]，但这些神物仅一首，难以比定为C、D型双头鸟图像。C、D型双头鸟图像究竟为何种神物，还需进一步研究。

三、图像组合及其文化内涵

双头鸟一体、双头，并非自然界常见物象，属奇珍异兽之类。通常出现在众禽群集、百兽云聚场景中，与神仙、羽人、奇禽、怪兽、祥瑞灵异等组合，共同营造出异于人间世界的天神世界氛围，服务于墓主人祈求天地神灵保护、辟除不祥，最终达成死后升仙的目的。在已知实例中，如下几类图像组合值得特别注意。

第一类，与天象组合的双头鸟图像，共两例。其一见于滕州龙阳店黄家岭祠堂盖顶石，双头鸟作为负月之乌表现，二鸟头各衔一鱼，四周环绕星辰，以及风伯、雷神、雨师等自然神。

1　［清］邵晋涵．尔雅正义［M］．北京：中华书局，2017：591．
2　袁珂．山海经校注［M］．成都：巴蜀书社，1992：47．
3　［晋］张华．博物志新译［M］．祝鸿杰，译注．上海：上海大学出版社，2010：73．
4　袁珂．山海经校注［M］．成都：巴蜀书社，1992.书中有载："又西七十里，曰羭次之山……有鸟焉，其状如枭，人面而一足……冬见夏蛰，服之不畏雷。"（第30、31页）"又西二百里，曰鹿台之山……有鸟焉，其状如雄鸡而人面，名曰凫徯，其鸣自叫也，见则有兵。"（第41页）

其二见于南阳后营村墓出土的画像石，双头鸟作为星宿神，与星辰、云气纹、雷神等组合。考古报告将该实例称作双首朱雀星象图，朱雀在二十八宿中为南方七宿的总称，是传说中的南方之神，但没有文献表明朱雀长有二头。如前所述，该实例所见 BII 型双头鸟很可能为比翼鸟，但比翼鸟不具星神尊格，出现在星象图中也不合时宜。由此推测，该实例可能融合了朱雀与比翼鸟的意象，以比翼鸟造型表现朱雀形象。据《尔雅·释地》，比翼鸟为南方异物："南方有比翼鸟焉，不比不飞，其名谓之鹣鹣。"[1] 比翼鸟与朱雀形象的结合，或与二者皆身处南方有关。

第二类，与东王公仙界组合的双头鸟图像，共两例。均出自嘉祥东汉晚期祠堂，表现在祠堂侧壁上部东王公仙界，与羽人、人身蛇尾神、荧惑、比肩兽等神人异兽共存，关联汉人祈求长生不老、死后升仙思想。其一见于嘉祥武梁祠东壁（图 7-1），双头鸟为 BI 型，很可能作比翼鸟表现。如后所述，比翼鸟是王者德及高远则至的祥瑞，而在汉人传统观念中，王者一般为男性君主。此神鸟出现在男性神祇东王公一侧，符合汉代阴阳观念。其二见于嘉祥宋山墓出土的祠堂画像石（图 7-2），双鸟头为 C 形，作鸟头和人首共用一鸟身表现，该型双头鸟身份暂无法确定，但无疑作为东王公仙界一员，以仙禽灵兽角色出现。

第三类，与图谶组合的双头鸟图像，共两例。双头鸟表现在相对独立的空间内，以榜题或边框与其他祥瑞区隔开来，表现较为特殊。其一，见于嘉祥武梁祠（图 8-1）。该祠屋顶前、后坡自上而下分为三层，每层从左向右刻画多个祥瑞图像，图侧刊刻榜题。双头鸟图像位于屋顶后坡第一层，榜题作"比翼鸟，王者德及高远则至"。同层表现的祥瑞，还有银瓮、比目鱼、白鱼、比肩兽、玄圭、璧流离、连理木、赤罴、玉英、玉马等，榜题如"银瓮，刑法得中则至""比目鱼，王□明无不衙则至""比肩兽，王者德及鳏寡则至""璧流离，王者不隐过则至""木连理，王者德纯洽八方为一家则连理生""玉马，王者清明尊贤者则至"[2]。由榜题可知，这些祥瑞的出现，皆与王者美德有关。

其二，见于离石马茂庄 2 号墓（图 8-2）。该墓前室西壁左、右侧中部画面，自上而下分五层，每层刻画 1 个祥瑞图像，无榜题。双头鸟图像位于西壁左侧最下方，其他祥瑞如翼马、比肩兽、玄龟、三足乌等。此二例双头鸟均为 BII 型，很可能基于同一粉本制作。不过，二者在图像组合、排列方式等方面不尽相同。巫鸿先生推测这些祥瑞图是从当时流行的各色征兆图籍中翻制而成[3]，若果真如此，在从图籍中挑选祥瑞图像，进而组织成一幅完整作品时，受载体形制、制作者和出资人偏好等因素影响，画面呈现不同的艺术效果，也在情理之中。

1　［清］邵晋涵.尔雅正义 [M].北京：中华书局，2017：591.

2　蒋英炬，吴文祺.汉代武氏墓群石刻研究 [M].北京：人民美术出版社，2013：85-90.

3　（美）巫鸿.武梁祠：中国古代画像艺术的思想性［M］.柳扬，岑河，译.北京：生活·读书·新知三联书店，2006：96-102.巫鸿先生认为，东汉存在两大类由图像和解说性文字构成的征兆图籍，一种表现祥瑞，6 世纪中叶沈约《宋书·符瑞志》可能部分或全部来自汉代已失传的《瑞图》。另一种反映灾异，《山海经》所载 47 条恶兆均见于《五藏山经》，该章节可能是独立的兆书。

图 7-1　嘉祥武翟山村东汉桓帝元嘉元年
(151)武梁祠东壁(采自《中画像石全集》1 图版 50)

图 7-2　嘉祥宋山出土的东汉晚期画像石(采自《中国画像石全集》2 图版 97)

图 8-1　嘉祥武翟山村东汉桓帝元嘉元年(151)武梁祠屋顶后坡(采自京都大学人
文科学研究所所藏石刻拓本资料网站)

图 8-2　离石马茂庄东汉晚期 2
号墓出土的前室西壁左侧(采自《中
国画像石全集 5》图版 254)

　　武梁祠双头鸟图像之侧榜题,云"比翼鸟,王者德及高远则至",文字表述与《宋书·符瑞志》一致[1],可能均出自汉代纬书,意为如果统治者施行仁政,泽被品德高尚、志向远大之人,上天将降下比翼鸟以示祯祥。离石实例之所以不刻榜题,可能与这种图像在当时成为一种常识,为人熟知有关。

　　值得注意的是,比翼鸟起初为不祥之物。至迟在西汉时期,此物完成了由不祥到祥的转变,如《史记·封禅书》引《管子·封禅》曰:"古之封禅……东海致比目之鱼,西海致比翼之鸟,然后物有不召而自至者十有五焉。"[2]东汉嘉祥武梁祠榜题与"西海致比翼之鸟"表述一脉相承,均将比翼鸟视作上天降下的祥瑞,以回应和嘉许功成道就的王者。

　　汉代统治者为了神化皇权、巩固统治,提倡阴阳五行说与谶纬学说,宣称国家治乱、政权更迭都是上天的安排。上天主宰人间一切,通过征兆、符命等来传达旨意,统治者则根据天神旨意决定国家大事。这种思想肇始于董仲舒"天人感应"学说,至光武帝刘秀于建武中

1　[梁]沈约.宋书[M].北京:中华书局,1974:812.
2　[汉]司马迁.史记[M].北京:中华书局,1982:1361.

元元年（56）"宣布图谶于天下"，正式取得"国宪"地位[1]。在统治者大力推崇之下，秦汉以来的诸多神异动植物图像被符谶化。作为祥瑞出现的比翼鸟图像,正是这种社会思潮的反映。此外，其杂糅了阴阳五行、灾异祥祯的儒家谶纬思想，在东汉时期占据支配地位，于是出现儒生与方士合流现象，武氏家族成员"博冠五经，兼明图谶"，比翼鸟等祥瑞图像大量表现在武氏祠堂屋顶，也便不足为奇了[2]。

需要说明的是，比翼鸟因其二鸟不比不飞的特征，还被引申作夫妻恩爱、兄弟友情的象征。如托名西汉焦延寿撰《焦氏易林》："合体比翼，嘉耦相得。与君同好，使我有福。"[3] 又如三国魏曹植作《送应氏诗二首》："愿得展嬿婉，我友之朔方。……愿为比翼鸟，施翮起高翔。"但是，从东汉晚期嘉祥武梁祠诸多祥瑞图榜题均指向王者德行来看，作为祥瑞表现的比翼鸟图像在汉代主要关联王者所作所为，而与爱情、友情无涉。

四、小结

综上所述，汉画像石双头鸟图像源头可以追溯到河姆渡文化双鸟朝阳图像和战国双头鸟图像，于东汉时期获得较大发展，鲁南苏北地区为主要发展区域，河南南阳、山西离石等地仅零星存在。

双头鸟图像以二头共用一个鸟身为特征，包括二鸟头式、具人首式两大类。第一类二鸟头式，鸟身作正面观或侧面观表现。鸟身正面观表现者，二鸟头相背或相对，其中相背者接近于河姆渡和战国实例，同时还与西亚双头鹰实例造型相仿，相对者可能受到汉代对鸟图像影响。鸟身侧面观表现者，二鸟头均同向。该类型嘉祥武梁祠屋顶后坡双头鸟图像具"比翼鸟"榜题，可知为比翼鸟图像，为王者德及高远则至的祥瑞。其他不具榜题实例，有些也可能作为比翼鸟表现。第二类具人首式，鸟身均作侧面观表现。细分为一鸟头并一人首和二人首两种形式，前者鸟头与人首同向，后者二人首相对或同向，目前难以确定身份。

双头鸟图像在画像石中与羽人、奇珍异兽、天象、东王公仙界、图谶等图像形成组合关系。其在天象图中出现时，融合了阳乌、朱雀造型因素。现身在东王公仙界时，与东王公男性君主身份，以及死后升仙思想有关。与图谶组合时，象征王者美德。双头鸟在不同图像组合中，身份不尽相同，文化意涵各有侧重，但均作为吉祥之物出现，同其他祥禽瑞兽图像一起，承载着人们对生活的美好期待。

1　陈其泰.两汉之际阴阳五行说和谶纬说的演变[J].孔子研究，1993（4）：55-61,123.

2　蒋英炬，吴文祺.汉代武氏墓群石刻研究[M].北京：人民美术出版社，2013:163.巫鸿先生指出，东汉晚期主荒政缪，武梁祠屋顶祥瑞图有悖于混乱的社会现状，必须"反读"才能理解，认为祥瑞图实为一种政治宣言，是儒生表达儒家理想道德的一种隐晦手段。此说有一定道理。参见（美）巫鸿.武梁祠：中国古代画像艺术的思想性[M].柳扬，岑河，译.北京：生活·读书·新知三联书店，2006:112-121.

3　[汉]焦延寿.焦氏易林[M]，南京：凤凰出版社，2017:80.该书作者可能不是西汉焦延寿，而是两汉之际的崔篆。参见张树国.《焦氏易林》中古小说勾陈——兼论《易林》的作者与时代[J].中南民族大学学报（人文社会科学版），2013（4）：134-139.

在以上实例外，还存在一例极为特殊的双头鸟图像，无论形态表现还是图像组合皆难以划归到以上类型中，故单独分析。实例见于山东邹城市师范学校附近出土的东汉早期画像石（图 9-1、图 9-2）[1]，画面正中线刻一楼双阙，楼外左上侧表现一只二头、一身、四足的双头鸟。鸟身侧面观表现，二鸟头相背、鸟喙紧闭，脖颈细长，双翅左右展开、翅尖向上，尾羽侧展上翘，仿佛孔雀开屏。该鸟头、身表现同于前述双头鸟图像，但四足造型与众不同，以往学者尚未注意到此点，更不用说结合文献对图像进行解读。《山海经·西山经》载："又西二百里，曰翠山……其鸟多鸓，其状如鹊，赤黑而两首四足，可以御火。"[2]据此可知，此种二头、四足之鸟名作鸓鸟，能预知火情，防御火灾。该实例将二头、四足之鸟表现在木构楼阙之侧，契合鸓鸟御火功能，可谓恰如其分。

有趣的是，晋人王嘉撰《拾遗记》卷 5 载："太初二年（公元前 103 年），大月氏国贡双头鸡，四足一尾，鸣则俱鸣。武帝置于甘泉馆，更以余鸡混之，得其种类而不能鸣。谏者曰'……今雄鸡不鸣，非吉祥也。'帝乃送还西域，行至西关，鸡反顾望汉宫而哀鸣。……此鸡未至月氏国，乃飞于天汉，声似鹍鸡，翱翔云里。"[3]其云双头鸡二头、四足、一尾，声似鸟，可翱翔云天，与邹城实例双头鸟二头、四足、一尾，双翅左右张开的形态吻合。其云双头鸡由大月氏国贡献而来，表明在人们心目中，此种奇特禽鸟与西域关系密切。但该书记载荒诞不经，双头鸡是否真实存在过令人怀疑。

1　赖非：中国画像石全集 2·山东汉画像石 [M]. 济南：山东美术出版社，郑州：河南美术出版社，2000：图版 89.

2　袁珂. 山海经校注 [M]. 成都：巴蜀书社，1992：37.

3　［晋］王嘉. 拾遗记 [M].［梁］萧绮录，齐治平，校注. 北京：中华书局，1981：122.

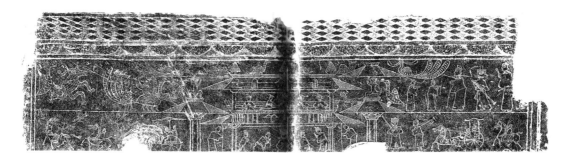

图 9-1　邹城市师范学校附近出土的东汉早期画像石（采自《中国画像石全集》2 图版 89）

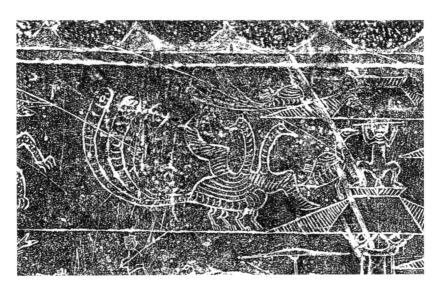

图 9-2　邹城市师范学校附近出土的东汉早期画像石局部
（采自《中国画像石全集》2 图版 89）

后　记

　　画像石是汉代艺术文化遗产的瑰宝，镶嵌于墓室、祠堂或石阙上的石刻纹样融合绘画与雕刻的双重属性，形成雄大而浑厚的艺术风格。这是对汉代社会经济、风俗礼仪、厚葬风气、生活方式变迁等社会风貌的图像诠释，也是儒家文化与道家文化宗教信仰的双重呈现，深刻地反映古人对于宇宙及人伦关系的哲学思考。画像石上的一笔一画，都是对那个辉煌时代的生动记录，使之具有千古如新的艺术魅力，成为中国传统文化艺术不可或缺的瑰丽篇章。

　　近年来，本人在清华大学美术学院"中外染织纹样史"和"中国纹样史"的教学实践中，有意识地将中国古代画像石艺术研究的内容带入本科和研究生的课堂，系统梳理画像石的图像艺术、纹样流变与文化意涵，旨在引导学生深入领悟这一艺术形式背后的文化底蕴，同时激发学生对中国传统纹样艺术的兴趣，培养学生对传统文化的尊重和热爱。

　　本书的编纂，正是基于这一教学过程中的思考与积累。在 2021 年秋季学期，本人将课程研究的重点聚焦于画像石艺术纹样的细分领域，鼓励学生围绕特定主题进行深入探究。书中的论文分别从不同角度揭示了汉代画像石艺术中充满艺术想象和深厚文化内涵的独特魅力：马文远《汉画像石车马出行图研究》，马梦雨《汉画像石乐舞百戏图研究》，徐静怡《门扉半启——汉画像石"启门图"研究》，蒋佳妮《饮食之礼：汉代画像庖厨图研究》，王石竹《飞龙在天——汉画像石"双龙穿璧纹"研究》，滕汶玲《汉代画像石日月纹样》，钱暂妮《汉画像石"树马"纹样研究》，申巍《汉代画像石中的铺首纹》，朱青青《汉代画像石西王母及其配偶神组合的演变探究》，曾繁如《汉代四神纹样的演变与文化意涵》，陈楚仪《寒木春华——探索汉代画像石中的神树图案》，李秋红《东汉画像石双头鸟图像研究》，每一篇都凝聚着作者的心血与智慧，展现了画像石艺术所蕴含的强大艺术魅力。

　　在此要特别感谢东华大学出版社的支持，尤其是陈珂社长对本书出版所给予的高度重视与帮助。同时，也要向本书的编辑团队致以诚挚的谢意，是他们的专业与耐心，让这本凝聚师生共同努力的著作得以完美呈现。

2023 年 8 月 10 日清华大学美术学院